LIBRAIRIE FÉLIX ALCAN

ÉCOLES PRIMAIRES SUPÉRIEURES
Ouvrages nouveaux, conformes aux programmes du 26 juillet 1909.
ENSEIGNEMENT SCIENTIFIQUE

Dʳ E. ALAMELLE

COURS DE PHYSIQUE ET CHIMIE
(Programme des garçons)

Première année. — **Physique et chimie**. 4ᵉ édit. 1 vol. in-18, avec 258 figures dans le texte et une planche en couleurs hors texte, cart. à l'anglaise. . . . . 2 fr. 20

Deuxième année. — **Physique et chimie**, 3ᵉ édit. 1 vol. in-18 avec 258 fig. dans le texte et 1 planche en couleurs hors texte, cart. à l'angl. 2 fr. 20

Troisième année. — **Physique et chimie**, 3ᵉ édit. 1 vol. in-18, avec plus de 200 fig dans le texte, cart. à l'anglaise . . . . 2 fr. 20

Cours de physique (*pour les trois années*), 4ᵉ éd. 1 vol. in-18, avec 500 fig. dans le texte et une planche en couleurs hors texte, cartonné à l'anglaise. . . . . 3 fr. »

Cours de chimie (*pour les trois années*) 4ᵉ édit. 1 vol. in-18, avec 168 fig dans le texte, cart. à l'anglaise. . . . . 3 fr. »

DU MÊME AUTEUR
(Programme des Jeunes filles)

Cours de Physique et Chimie 3 vol. in-12, cart. toile.
1ʳᵉ Année, 2 fr. 20 ; — 2ᵉ Année, 2 fr. 20 ; — 3ᵉ Année . . . 2 fr. 20

Cours de Physique (*pour les 3 années*) . . . . 1 vol. in-12, cart. à l'anglaise . . . . 3 fr. »

Cours de Chimie (*pour les 3 annees*). 1 volume in-12, cartonné à l'anglaise. . . . . 3 fr. »

A. GOULLIART
Professeur à l'Ecole primaire supérieure de Lille.

COURS D'ÉLECTRICITÉ INDUSTRIELLE
Deuxième et troisième années et section spéciale.
Un volume in-18, avec 400 figures dans le texte, cart. à l'angl. 3 fr. 50

A. PETIT
Ingénieur agronome. Professeur à l'Ecole d'Horticulture de Versailles,
Chef du Laboratoire de recherches horticoles.

COURS D'AGRICULTURE
1 vol. in-18, avec 256 fig dans le texte, cart. à l'angl. . . . 3 fr. »

Cours d'Algèbre, par MM. P Roller, directeur de l'Ecole Diderot à Paris, et E Foubert, professeur à l'Ecole primaire supérieure de Lille, 1 vol. in-12, avec exercices et problèmes, cart. à l'angl. 9ᵉ édit. complètement refondue. . . . . 3 fr. »

Cours d'Arithmétique, par les mêmes. 1 vol in-12, avec exercices et problèmes. cart à l'angl. 8ᵉ édit complètement refondue. . 3 fr »

Cours de Géométrie, par MM Ch. Colin, prof. à l'Ecole Lavoisier et J. Girod professeur au Lycée Charlemagne. 3 vol. in-12, cart. toile.
1ʳᵉ Année, 1 fr. 80 ; — 2ᵉ Année, 2 fr. 50 ; — 3ᵉ Année, 2 fr. 50.
Les trois années en 1 vol. cart. toile. . . . . 6 fr. 40

Cours de Sciences naturelles, par M. Ledoux, professeur au Collège Chaptal, docteur ès sciences.

Première Année : 1 vol. in-18, avec figures, cart. à l'angl. (*Paraîtra le 1ᵉʳ Octobre 1911*).

BIBLIOTHÈQUE UTILE

Élégants volumes in-32, de 192 pages chacun.

Chaque volume broché : *Soixante centimes*

EXTRAIT DU CATALOGUE

ÉCONOMIE POLITIQUE ET SOCIALE

Les préjugés économiques, par Yves Guyot.
Histoire du libre-échange en Angleterre, par Montgrédien.
La Richesse et le Bonheur, par Ad. Coste.
Alcoolisme ou épargne. par le même. 6ᵉ édit.
L'Alcool et la lutte contre l'alcoolisme, par les Dʳˢ Sérieux et Mathieu. 3ᵉ édit.
Economie politique. par Stanley Jevons. 9ᵉ édit.
Les Lois ouvrières, par Paul Louis.
Le Budget du foyer. *Economie domestique.* 3ᵉ édit., par Leneveux.
Histoire du Travail manuel en France, 2ᵉ édit., par le même.

TECHNOLOGIE

Petit Dictionnaire des falsifications, *moyens simples de les reconnaître,* par Dufour, pharmacien de 1ʳᵉ classe. 4ᵉ édit.
Les mines de la France et de ses colonies, par P. Maigne.
Les Génies de la science et de l'industrie, par B. Gastineau. 2ᵉ édit.
Les Matières premières *et leur emploi dans les divers usages de la vie,* par le Dʳ H. Genevoix, pharmacien de 1ʳᵉ classe.
Les procédés industriels, *Industries animales, végétales et minérales,* par le même.
La Machine à vapeur, par H. Gossin (avec gravures).
Les Chemins de fer, par G. Mayer (avec figures).
Les grands Ports maritimes de commerce, par Daniel Bellet (avec fig.).

AGRICULTURE

Petite Chimie de l'Agriculteur. par V. Vaillant. prof. à l'école d'agriculture de Douai.
Economie rurale et agricole, par Petit.
L'Agriculture française (*productions animales et végétales*), par Larbaletrier.
Les Vins de France, *Guide du Consommateur,* par A. Berget.
La Viticulture nouvelle, *Manuel du vigneron,* par le même. 3ᵉ édit.
La pratique des Vins, *Guide du récoltant,* par le même. 2ᵉ édit.
Les Insectes nuisibles (*Ravages, moyens de destruction*), par A. Acloque (avec figures).

DROIT

La Loi civile en France, par Morin. 5ᵉ édit.
La Justice criminelle en France, par G. Jourdan. 4ᵉ édit.

NOTIONS ÉLÉMENTAIRES

DE DROIT USUEL

ET

D'ÉCONOMIE POLITIQUE

ÉCOLES PRIMAIRES SUPÉRIEURES. TROISIÈME ANNÉE

ÉCOLES PRIMAIRES SUPÉRIEURES

Ouvrages nouveaux, conformes aux programmes du 26 juillet 1909.

ENSEIGNEMENT LITTÉRAIRE

INSTRUCTION CIVIQUE. — DROIT USUEL. — ÉCONOMIE POLITIQUE

Par MM. G. Gavet et Th. Petit

Deuxième année. — **Notions élémentaires d'instruction civique et de droit usuel**, 1 vol. in-18. cart. à l'angl . . . . 1 fr. 50
Troisième année. — **Notions élémentaires de droit usuel et d'économie politique**, 1 vol. in-18, cart. à l'angl. . . . . 1 fr. 50
Deuxième et troisième annees. — **Instruction civique, Droit usuel, économie politique**, 1 vol. in-18, cart. à l'angl . . . . 2 fr. 75

Cours d'histoire, par MM. E. Driault, professeur à l'Ecole norm. supérieure de Saint-Cloud et au Lycée de Versailles, et G Monod, de l'Institut, Directeur de la *Revue historique*.
Première année. — **Histoire de France depuis le début du XVI⁰ siècle jusqu'en 1789**, 1 vol. in-18 avec 96 grav. et 9 cartes, cart. toile, 2⁰ édit . . . 2 fr. 50
Deuxième année. — **La France de 1789 à la fin du XIX⁰ siècle**, 1 vol. in-18 avec 69 grav. et 8 cartes, cart toile. 2⁰ édit. . . . . 2 fr. 20
Troisième année. — **Le monde au XIX⁰ siècle**, 1 vol. in-18 avec 23 cartes et 22 grav., cart. toile, 2⁰ édit. . . . . 2 fr. 20

Cours de morale, *accompagné de lectures choisies*, par MM. P.-F. Thomas, docteur ès lettres, professeur au Lycée de Versailles, et Touchelet. directeur de l'Ecole primaire supérieure de Château-Chinon. 1 vol. in-18 (*pour les trois années*) cart. à l'angl. . . . . 2 fr. 20

Précis raisonné de Morale pratique, *par questions et réponses*, par M. A. Lalande, chargé des cours à la Sorbonne. 2⁰ édit. 1 vol. in-16 . . . . . . 1 fr. »

Histoire de la France, publiée sous la direction de M. G. Monod, par MM. E. Driault et J. Fèvre, 10⁰ édit. 1 vol in-12 avec 75 cartes et grav. cart (pour le *Brevet élémentaire, Cours supérieurs, Cours complémentaires, Ecoles primaires supérieures*) . . . . 2 fr. 80

Manuel pratique du brevet élémentaire, *pour les bourses d'enseignement primaire supérieur et pour l'admission aux écoles normales*, par MM. J. Fèvre, prof. à l'Ecole normale d'instituteurs de Dijon et Paul Boutault, prof. à l'Ecole primaire supérieure de Tours, avec la collaboration de Mˡˡᵉ Theuret, MM. Dlmeny et Minor, 3⁰ édit. 1 vol. in-12 de 496 pages avec 150 fig., cart. . . . . 2 fr. 80

Abrégé du manuel pratique du brevet élémentaire, par les mêmes, 1 vol. in-12 de 282 pages avec 126 fig. dans le texte, cart . . . . 1 fr. 80

LECTURES

ADAM SMITH. — **Richesse des nations**, avec une introduction par M. Courcelle-Seneuil, de l'Institut. 1 vol. in-32, avec portrait, cart. à l'angl. . . . . . 2 fr. 50
BASTIAT. — **Œuvres choisies**, avec une introduction par M. de Foville, de l'Institut. 1 vol. in-32, avec portrait, cart à l'angl. . . . . 2 fr. 50
BENTHAM. — **Principes de législation**, avec une introduction par Mˡˡᵉ Raffalo-vich, 1 vol. in-32, avec portrait, cart. à l'angl. . . . . 2 fr. 50
HUME. — **Œuvre économique**, avec une introduction par M. Léon Say, de l'Académie française, 1 vol. in-32, avec portrait, cart. à l'angl . . . . 2 fr. 50
SAY (J.-B) — **Economie politique**, avec une introduction, par M. H. Baudrillart, de l'Institut, 1 vol. in-32, avec portrait, cart. à l'angl. . . . . 2 fr. 50
STUART MILL (J.). — **Principes d'économie politique**. avec une introduction par M. Léon Roquet, 1 vol. in-32, avec portrait, cart. à l'anglaise. . . . 2 fr. 50
ANDRE (L.), docteur ès lettres. — **Précis d'histoire économique** *depuis l'antiquité jusqu'à nos jours*, 1 vol. in-16. . . . . 2 fr. »
BAUDRILLART (H.), de l'Institut. — **Lectures choisies d'économie politique**, 1 vol. in-18 . . . . 3 fr. 50
DRIAULT (E.), professeur au Lycée de Versailles et à l'École normale de Saint-Cloud, **Le monde actuel**, *tableau politique et économique*, 1 vol. in-8 . . . . 7 fr. »
HAUSER (H.), professeur à l'Université de Dijon. — **Ouvriers du temps passé** (*XVᵉ et XVIᵉ siecles*), 3⁰ édit. 1 vol. in-8, cart . . . . 6 fr. »
JEVONS (Stanley) — **Economie politique**, 10⁰ édit. 1 vol. in-32. . . . . . 0 fr. 60
MOLINARI (G. de,) correspondant de l'Institut. — **Problèmes du XX⁰ siècle**. 1 vol. in-18 . . . . 3 fr. 50

NOTIONS ÉLÉMENTAIRES

DE DROIT USUEL

ET

D'ÉCONOMIE POLITIQUE

Conformes aux programmes officiels du 26 juillet 1909

A L'USAGE

DES ÉCOLES PRIMAIRES SUPÉRIEURES

TROISIÈME ANNÉE

PAR

<table>
<tr><td>**G. GAVET**</td><td>ET</td><td>**TH. PETIT**</td></tr>
<tr><td>Professeur à la Faculté de Droit
et à l'École primaire supérieure de Nancy.</td><td></td><td>Directeur
de l'École primaire supérieure de Nancy.</td></tr>
</table>

PARIS

LIBRAIRIE FÉLIX ALCAN

108, BOULEVARD SAINT-GERMAIN, 108

—

1911

PROGRAMME OFFICIEL DU 26 JUILLET 1909

TROISIÈME ANNÉE
(1 heure par semaine.)

DROIT USUEL ET ÉCONOMIE POLITIQUE

Droit privé. (*Suite.*)

(Environ 15 leçons.)

3ᵉ PARTIE : DES CONTRATS ET OBLIGATIONS

Sources des obligations contractuelles et non contractuelles. — Notions très sommaires sur la liberté des conventions. Acte authentique et acte sous seing privé. De la capacité de contracter. De l'enregistrement des actes écrits et de ses effets.

Étude pratique des contrats les plus usuels : la vente, le louage. Louage des choses. Baux à ferme et à loyer. Colonage partiaire ou métayage. — Cheptel. Louage de services. Rapports entre ouvriers et patrons. Conflits industriels et grèves. Accident de travail. Le prêt à intérêt. — L'usure. Notions très sommaires sur les privilèges et hypothèques.

Les assurances : Principes et solutions pratiques en prenant pour types l'assurance sur l'incendie et l'assurance sur la vie.

La responsabilité d'après les articles 1382 et suivants du Code civil. Notions très sommaires sur les modes d'extinction des obligations.

4º PARTIE : SUCCESSIONS, LEGS ET DONATIONS.

Successions déférées par la loi. — Successions *ab intestat.* Les différentes classes d'héritiers. Acceptation, renonciation, acceptation sous bénéfice d'inventaire. Du partage, du rapport à succession.

Des donations et testaments. — De la donation entre vifs. Du testament : ses diverses formes. — Différentes espèces de legs. Quotité disponible et réserve.

5º PARTIE : COMMENT ON DÉFEND SES DROITS.

Idée générale de la marche d'un procès.

6ᵉ PARTIE : DROIT COMMERCIAL.

Actes de commerce. — Livres de commerce. Les effets de commerce : lettre de change, billet à ordre, chèque. Notions très sommaires sur les sociétés commerciales, la faillite et la liquidation judiciaire.

Notions d'économie politique.
(Environ 20 leçons).

L'économie politique et sociale : ses principales divisions :

I PRODUCTION DE LA RICHESSE. — Les agents de la production : nature travail et capital.

La nature : milieu physique, sol, sous-sol, matières premières et agent naturels.

Le travail : travail intellectuel : invention direction. — Travail manue ou musculaire. — Division du travail : exemples Les machines. – Avantages et inconvénients de la division du travail. — Les lois su le travail : loi du 2 novembre 1892 sur le travail des enfants, des fille mineures et des femmes dans les établissements industriels. — Condi tions de productivité du travail. — L'agriculture, l'industrie et le com merce.

Le capital : différentes espèces de capitaux : capital fixe et capita circulant. — Résultats de l'association du capital et du travail. — Le grande et la petite industrie. — Rôle de l'entrepreneur. — La grande et la petite culture.

Les syndicats professionnels, patronaux, ouvriers. — Grèves, lock out, coalitions de producteurs agricoles.

II. RÉPARTITION DE LA RICHESSE. — Régime de la propriété individuelle le fermage et la rente du sol

La part du travail : le salaire, la participation aux bénéfices, le tra vail et la tâche.

La part du capital : le loyer et l'intérêt.

La part de l'entreprise : le profit.

Les associations ouvrières : sociétés coopératives de crédit et de pro duction.

III. CIRCULATION DE LA RICHESSE : l'échange. — La valeur et le prix. — Concurrence et monopole. — La monnaie.

Le crédit : ses avantages. — Les instruments de crédit ; billets de banque ; la Banque de France. — Rôle économique des banques et des effets de commerce : lettre de change, chèque, actions et obligations — Le crédit public. — Emprunts de l'État ; dettes publiques.

Le commerce intérieur et le commerce extérieur : des moyens de trans port rapides à bon marché. — Importation et exportation. — Libre échange et protection. — Droits de douanes et traités de commerce.

IV. CONSOMMATION DE LA RICHESSE : consommation reproductive, agri cole, industrielle, commerciale. — Services publics. — Consommation improductives. — L'épargne, le luxe ; la prevoyance : caisses d'épargne sociétés coopératives de consommation ; assurances : caisse de retraites sociétés de secours mutuels.

DROIT USUEL

ET

ÉCONOMIE POLITIQUE

DROIT PRIVÉ

Le programme officiel des Écoles primaires supérieures de garçons divise les matières du droit privé en six parties :

I. **Les personnes.**

II. **Les biens.**

III. **Les contrats et obligations.**

IV. **Les successions, legs et donations.**

V. **Comment on défend ses droits.**

VI. **Droit commercial.**

Les deux premières parties ont été traitées dans le cours de deuxième année, les suivantes font l'objet du cours de troisième année (12 leçons).

TROISIÈME PARTIE

CONTRATS ET OBLIGATIONS

(Sources des obligations contractuelles et non contractuelles. — No-tions très sommaires sur la liberté des conventions. Acte authen-tique et acte sous seing privé. De la capacité de contracter. De l'enre-gistrement des actes écrits et de ses effets).

DE L'OBLIGATION

PREMIÈRE LEÇON

NOTIONS PRÉLIMINAIRES

(Ces notions sont forcément abstraites comme toutes les notions géné. rales; mais on les saisira de mieux en mieux en avançant dans le cours.)

C'est un rapport de droit entre deux personnes, consistant en ce que l'une (le créancier) peut exiger de l'autre (le débi-teur) une certaine « prestation », et nous avons déjà vu, à propos de la division des biens, ce qu'il faut entendre par là (voir cours de 2ᵉ année, p. 135).

Traits caractéristiques de l'obligation.

1° Elle correspond, pour la personne envers laquelle elle existe, à une créance, c'est-à-dire à un véritable droit. C'est une différence avec l'obligation morale ; ainsi, le devoir de charité du riche ne correspond point, à moins d'avoir une cause légale, à un droit pour le pauvre.

2° Elle n'existe qu'à l'égard d'une personne déterminée, et

elle est, dans ce sens (l'expression en a d'autres) un droit *personnel*. Le droit invocable contre tous est un droit réel, non une créance. Nous avons déjà vu cette différence.

Ses principaux effets.

1° Exécution forcée. Dommages-intérêts. Faute contractuelle. — Au cas d'inexécution volontaire, elle donne lieu, si le créancier le veut, à exécution forcée avec dommages-intérêts, c'est-à-dire réparation, dans de certaines limites, du préjudice causé par la non-exécution en temps voulu.

Si l'exécution est impossible, le débiteur doit prouver qu'elle l'est devenue sans faute de sa part. La gravité de la négligence ou maladresse nécessaire pour qu'il y ait faute et responsabilité varie selon les cas.

Au cas où le débiteur est responsable, il y a ce qu'on appelle *faute contractuelle*, et le préjudice causé au créancier doit être réparé, non pas intégralement, mais dans les limites où il résulte directement de la non-exécution et dans la mesure où il était à prévoir Ainsi une compagnie de chemin de fer qui perd les bagages d'un entrepreneur de tournées théâtrales, et qui par là lui fait perdre des séances lucratives et cause sa faillite, ne lui doit pas d'indemnité pour cette faillite, et, dans le calcul de la valeur des bagages perdus, aura le droit de ne pas compter les objets particulièrement précieux qu'ils contenaient.

2° Effet translatif. — Si l'obligation a pour objet une « dation » (voir : *Division des biens*, cours de 2e année, p. 135), cette dation se produit de plein droit par le seul fait de l'existence de l'obligation de donner. Si, par exemple, je vends ma maison et contracte ainsi l'obligation d'en transférer la propriété, immédiatement la translation s'accomplit d'elle-même et la propriété passe à l'acheteur. Il n'en est autrement que : 1° s'il y a eu entente pour retarder cette translation jusqu'à un certain terme ; 2° si la chose à donner est un « genre » (voir : *Translation de la propriété*, cours de 2e année, p. 147).

3° Droit de gage du créancier. — Tout créancier, de si

petite somme que ce soit, a le droit de considérer la fortune entière du débiteur comme lui servant de garantie.

Ce droit ne va pas jusqu'à enlever au débiteur l'administration et la disposition de ses biens ; le créancier n'a pour gage que cette fortune telle qu'elle est de moment en moment, telle que la font les actes du débiteur ; il profite donc de ses acquisitions, de même qu'il perd tout droit sur les biens aliénés ; il est, à ce point de vue, un « ayant cause à titre universel », puisque sa situation de gagiste dépend absolument de la situation du débiteur comme propriétaire.

Mais si ce dernier néglige certains droits et risque de les perdre, compromettant ainsi la garantie donnée à ses créanciers, chacun de ces derniers peut agir pour lui en ses lieu et place.

Et si ce même débiteur, sachant fort bien qu'il est au-dessous de ses affaires ou sur le point d'y être, fait cependant quelque opération mauvaise pour lui, chacun des créanciers peut, à de certaines conditions variables suivant les cas, faire annuler l'acte par une action *rescisoire*.

DIVERSES ESPÈCES D'OBLIGATIONS

(A lire attentivement sans l'apprendre.)

Obligation naturelle. — Dans certains cas la loi, tout en n'admettant pas, malgré les réclamations d'une personne qui se dit créancière, l'existence légale d'une certaine obligation, et se refusant par conséquent à lui faire produire les effets qu'une obligation produit de plein droit, admet ceux que le débiteur veut lui-même en faire sortir, s'il se croit tenu en conscience. Ainsi, qu'un prétendu créancier n'ait pas obtenu en justice la reconnaissance de son droit, la loi ne peut plus le considérer comme créancier et ne l'admettra ni à réclamer le payement, ni à opposer sa prétendue créance en compensation, etc., mais s'il plaît au défendeur gagnant, qui craint d'avoir gagné à tort, de payer tout de même, ou d'accepter la compensation, etc., la loi ne poussera pas l'absolutisme jusqu'à voir dans ces actes des libéralités. Encore faut-il toutefois que l'on soit dans des cas déterminés, par exemple dans le cas supposé ci-dessus d'un prétendu débiteur ayant gagné son procès et agissant tout de même en débiteur, d'un débiteur dont la dette a été annulée ou est prescrite, et qui l'exécute cependant, etc. Il ne faut pas d'ailleurs confondre l'obligation naturelle avec le devoir moral; ce dernier existe sans aucune volonté de la loi, et souvent ne correspond pas, nous l'avons vu, à un droit pour celui à l'égard duquel il existe (ainsi, le devoir naturel de charité) tandis que l'obligation correspond à une créance.

Obligation solidaire. — Ce caractère consiste en ce que plusieurs personnes étant codébitrices d'une seule et même prestation (on peut supposer aussi plusieurs cocréanciers, mais c'est moins usuel), le créancier, au lieu de n'avoir action contre chacune que pour une part, a le droit de se faire payer le tout par l'une quelconque d'entre elles à son choix, sauf ensuite recours de celle-là contre les autres. Nous trouverons plus loin des exemples de ce genre d'obligations en matière commerciale.

Obligation à terme. — C'est celle dont le paiement ne sera exigible que dans un délai donné. Le créancier n'en a pas moins déjà un droit acquis.

Obligation conditionnelle. — Ce caractère, qui, d'ailleurs peut être celui de n'importe quel effet juridique, droit réel, etc., consiste en ce que l'obligation est dès maintenant contractée pour le cas où tel événement, qui peut ne pas se produire et que l'on appelle la **condition**, arrivera, mais ne se forme pas auparavant; ainsi on s'est engagé à payer une indemnité si tel incendie se produit. L'obligation se formera ou non suivant les événements, mais ne dépend plus de vous.

On peut aussi, et l'obligation prend alors le nom d'*obligation sous condition résolutoire;* la faire naître immédiatement, mais pour disparaître rétroactivement le jour où un pareil événement se produirait. « Je vous fais telle donation, mais elle sera révoquée si vous mourez avant moi. »

C'est le cas de toutes les obligations dans les contrats dits synallagmatiques (voir plus loin p. 19); elles peuvent être résolues *pour inexécution des charges de l'autre partie.*

SOURCES DES OBLIGATIONS

Ce sont : le *Contrat*, le *Quasi-Contrat*, le *Délit*, le *Quasi-Delit* et la *Loi*.

1° Le contrat. — Ce mot n'est pas synonyme de convention. La convention est le genre, et le contrat, l'espèce.

La *convention* est l'accord de deux (ou plusieurs) personnes pour faire naître entre elles, au profit de l'une et au détriment de l'autre ou à leur profit et détriment réciproques, de certains effets juridiques. Le *contrat* est la convention qui tend à faire naître ou à nover l'obligation. Quand il s'agit de l'éteindre, on dit simplement convention ; mais contrat et simple convention sont la même nature d'actes.

2° Quasi-contrat. — Cette notion ne peut être définie. On groupe sous ce nom un certain nombre de faits ou ensembles de circonstances dont la loi fait sortir des obligations à la charge d'une personne, en raison d'un certain avantage qu'elle a reçu et dont ces obligations sont la contreprestation normale. Ainsi la *gestion d'affaires*, le *paiement de l'indû*, etc.

GESTION D'AFFAIRES. — Elle a lieu lorsqu'un individu fait au profit d'un autre (d'ordinaire absent, incapable ou empêché pour une raison quelconque) certaines dépenses que cet autre aurait sans doute faites lui-même et qui, en tous cas. lui profitent. Ainsi une tempête ayant enlevé une partie du toit d'un voisin absent, on fait faire les réparations nécessaires, la loi oblige alors le « maître de l'affaire gérée » à rembourser (soit totalement, soit en d'autres cas, dans la mesure où elles lui ont profité) les dépenses ainsi faites. Il peut même être poursuivi par les tiers avec lesquels le gérant a traité, car étant les créanciers de ce dernier, ils peuvent agir en ses lieu et place contre son débiteur.

Et enfin si le maître de l'affaire gérée ratifie, tout se passera rétroactivement comme s'il avait donné mandat.

PAIEMENT DE L'INDU. — Si la dette apparente pour le paiement de laquelle on a par erreur fait une prestation, est

nulle ou n'existe plus, on a droit de « répéter », c'est-à-dire
de se faire rendre ce qu'on a payé. Toutefois, il y a des atté-
nuations à ce droit lorsque celui qui a reçu le paiement était
de bonne foi, surtout si c'est un incapable. On ne peut en ce
dernier cas lui demander que ce dont il a profité, non ce qu'il
a dissipé en dépenses frivoles. Et, même avec un majeur, s'il a
revendu la chose payée, il ne doit que le prix qu'il en a tiré.

3° et 4° Délit et quasi-délit. — C'est le fait qui n'est ni
l'exercice d'un droit ni une faute contractuelle, et par lequel
on cause préjudice à autrui ; si c'est exprès, il y a délit ; si
c'est par négligence, imprudence ou maladresse, mais sans
mauvaise intention, il y a quasi-délit. Ce fait, quel qu'il soit,
crée l'obligation de réparer le préjudice causé (art. 1382 du
Code civil).

Pour qu'il y ait délit ou quasi-délit, il faut :

1° Que l'on *ne soit pas dans l'exercice d'un droit*, a fortiori
dans l'accomplissement d'un devoir. Ainsi : un propriétaire,
en fouillant son sous-sol, coupe la veine d'eau qui alimente
le puits de son voisin, il ne lui doit rien (c'est cependant
contesté s'il a creusé sans utilité pour lui-même dans la
seule intention de nuire ; il y aurait alors, d'après certains,
abus du droit) ; ainsi encore ne doit rien le soldat qui pour
exécuter sa consigne blesse un individu qui veut forcer un
passage.

2° Que ce fait *ne soit pas une faute contractuelle*, c'est-à-
dire ne consiste pas dans la violation d'une obligation antérieure. Le préjudice à réparer s'évalue différemment dans un
cas et dans l'autre.

3° *Qu'il y ait préjudice*. Ainsi, une tentative d'assassinat
est un délit pénal (c'est même un crime) ; et cependant si
elle n'a causé ni blessure ni dommage quelconque, elle n'est
pas un délit civil.

Quant à la différence entre le délit et le quasi-délit civils,
elle est sans intérêt pratique. Il importe peu, si je fais
tomber mon arbre sur le mur de mon voisin, que je l'aie fait
exprès ou par maladresse, en théorie j'ai la même obligation
de réparer (tout au plus, en fait, est-il possible que la justice
soit plus sévère dans un cas que dans l'autre).

5° Loi. — Elle impose quelquefois des obligations à une personne envers d'autres sans qu'il y ait eu aucun fait de la part d'aucune des parties en cause, et simplement parce que la vie en société les rend nécessaires. Ainsi l'obligation d'accepter les tutelle ou curatelle des parents mineurs; ainsi encore ces obligations réelles, dont la loi fait, sous le nom de servitudes légales, des accessoires du droit de propriété : bornage, marchepied, etc.

Reprenons avec un peu plus de détails le Contrat, et le Délit et quasi-Délit.

DU CONTRAT

Nous allons dire quelques mots : I. *De ses éléments essentiels ou conditions d'existence;* II. *De ses conditions de validité;* III. *Des différentes nullités qui sanctionnent l'absence des unes ou des autres;* IV. *De la preuve des contrats;* V. *De leur division en plusieurs espèces.*

I

Conditions de formation et d'existence des contrats.

Il faut : 1° *Que les deux contractants se soient fait connaître leurs volontés ;* 2° *qu'elles soient en parfaite concordance,* tout au moins sur ce qu'il y a de capital dans les effets juridiques à produire ; 3° *que ces effets soient admis par la loi,* et, bien entendu, *possibles en fait.*

Manifestation extérieure des volontés. — Une volonté non manifestée ne compte pas.

Peu importe d'ailleurs comment elle se manifeste, par écrit, parole ou geste. Dans quelques contrats, dits solennels, la loi exige un acte notarié, mais ce sont des exceptions.

Offre. — Tant qu'il n'y a encore qu'une des deux volontés manifestée, par exemple celle de vendre, elle s'appelle *offre* (ou *pollicitation*) et peut être retirée à volonté.

Le contrat ne se forme et les deux parties ne sont tenues que quand l'acceptation se manifeste, l'offre n'étant pas encore retirée.

Quelquefois l'offrant consent à être lié quelque temps par son offre pour permettre à l'autre partie de réfléchir. Si cette offre d'attendre est acceptée (et d'ordinaire elle a été sollicitée et par conséquent acceptée d'avance), elle forme avec cette acceptation un vrai contrat, que l'on appelle *promesse de vente ;* mais tant qu'elle ne l'est pas, elle n'est rien.

Contrat par correspondance. — Si les deux personnes en négociation s'entendent par correspondance, chacune des offres ou acceptations ne compte que quand elle est arrivée à la connaissance du destinataire ; et c'est ainsi qu'une acceptation par lettre est valablement annulée par une dépêche qui la devance.

Actes occultes ou simulés. — En revanche, les deux contractants ne sont pas forcés de faire connaître leur entente aux tiers (tout ce qu'on peut leur imposer, c'est de ne pas les jeter par des simulations ou dissimulations dans des erreurs préjudiciables). On distingue à ce point de vue :

L'acte *occulte,* entente non communiquée aux tiers, restée secrète ;

L'acte *fictif,* acte que l'on conclut ouvertement, mais en convenant en secret qu'il ne compte pas ; souvent il ne sera fictif que pour une de ses clauses, par exemple le montant réel du prix dans une vente ;

L'acte *déguisé,* acte auquel on donne, par un subterfuge secrètement convenu, l'apparence d'un acte d'autre nature, par exemple la donation faite sous la forme d'une vente avec prix payé comptant ;

L'acte *par personne interposée ou par prête-nom,* passé ostensiblement avec une personne, mais en convenant avec elle que le traité est en réalité au profit d'une troisième qui accepte.

Dans plusieurs de ces cas, la loi ne veut pas que les tiers puissent être victimes de dissimulations qui modifient la situation visible, et leur permet (même aux créanciers chiro-

1.

graphaires qui d'ordinaire sont liés par les actes de leur débiteur) de considérer comme réel l'acte ostensible et montré.

Ainsi un tiers pourra valablement traiter avec la personne interposée donnée comme acquéreur et les créanciers de cette personne pourront saisir le bien.

Mais, entre les parties, l'entente occulte l'emporte, puisqu'elle est seule leur volonté.

Quelquefois cependant la loi donne vigueur à l'acte apparent qui se trouve alors exister contre la volonté des parties. C'est ce qui arrive lorsque, dans une vente d'office ministériel, on a dissimulé une partie du prix convenu, c'est-à-dire quand on a communiqué au gouvernement, qui choisit le successeur, un acte portant un prix inférieur au prix convenu.

Concordance des volontés. — Si l'une des parties par exemple croit prêter, et l'autre recevoir en donation, ou si dans une vente. le vendeur songe à tel objet et l'acheteur à tel autre, il n'y a rien de fait.

Quelquefois le malentendu peut porter sur certaines qualités seulement de l'objet ; ainsi c'est bien tel tableau que les deux parties ont en vue ; seulement l'acheteur le désire parce qu'il le croit, à tort, de tel peintre célèbre, et il ne le désire qu'en raison de cette cause. En pareil cas, il peut y avoir (il y a même dans l'hypothèse ainsi présentée) vice du contrat par *erreur sur les qualités substantielles* de l'objet, mais, en attendant l'annulation si elle doit avoir lieu, il y a contrat. puisqu'il y a eu accord sur l'effet juridique à produire, à savoir la translation de la propriété de tel objet.

Liberté des conventions. — La loi en principe laisse les parties maîtresses de prendre entre elles tous les engagements qu'elles veulent. C'est ce que l'on appelle le principe de la *liberté des conventions*. Toutefois, cette liberté reçoit un certain nombre de restrictions ; certaines conventions sont impossibles, soit par la force même des choses, soit étant donné certaines conceptions de la loi ; d'autres sont illicites, ce qui revient au même dans le cas où la loi tient absolument à sa défense.

Promesses impossibles. — L'impossibilité peut venir de la force même des choses, c'est ce qui arrive si, par exemple, la chose qu'on veut donner a péri avant le contrat sans qu'on le sache, ainsi un cheval qui est mort brusquement dans l'écurie sans qu'on en soit encore prévenu. L'impossibilité peut venir aussi de la loi qui ne considère pas telle ou telle chose comme dans le commerce, c'est-à-dire comme pouvant appartenir à des particuliers ou donner lieu à des aliénations : puissances familiales, objets monopolisés par l'État, etc.

Promesses illicïtes. — Ce sont d'abord toutes les promesses *immorales ;* la loi n'a même pas besoin de dire ce qu'elle entend par là ; on s'en rapportera aux notions courantes ; ce sont ensuite toutes les promesses contraires à une loi ; toutefois, il y a des degrés dans l'illicite, et la sanction de la défense ne sera pas toujours l'inexistence complète du contrat.

Parmi les clauses *défendues* figurent au premier chef toutes celles qui violent les lois sociales sur le travail, celles par lesquelles un ouvrier ou employé renonce, par exemple, à l'indemnité pour congé donné sans les délais d'usage, ou aux conditions de salubrité, de sécurité ou autres édictées par la loi pour le travail dans les ateliers non familiaux, etc.

Citons de même la promesse de ne pas se marier ou d'entrer dans telle carrière, ou toute autre analogue contraire à la liberté individuelle ; ou des promesses contraires à des règles d'intérêt général ; la loi ne veut pas, par exemple, en principe, d'*inalienabilité des biens,* c'est funeste à la richesse générale, ni de *pacte sur succession future,* par exemple de renonciation d'avance à la succession d'une personne vivante.

Elle interdit de même les ventes d'animaux atteints de certaines maladies contagieuses, etc.

(Fin de la 1re leçon.) [1]

---

1. Questions : Qu'est-ce qu'une obligation ? — Quels en sont les traits caractéristiques ? — Quels en sont les principaux effets ? — Qu'est-ce que la faute contractuelle ? — En quoi les créanciers sont-ils des

DEUXIÈME LEÇON.

II

Conditions de validité des contrats.

Ce sont en particulier : 1° *la capacité des contractants;* 2° *l'absence de vice des consentements.* Ajoutons, pour les contrats soumis à de certaines formes, l'observation de ces formes.

1° Capacité. — La loi aurait mieux dit : absence d'incapacité, car tout le monde en principe est capable ; et ce sont seulement les incapacités qu'il faut énumérer.

Nous connaissons celles du droit commun.

Certaines sont spéciales à certains contrats, en particulier à la donation, nous les indiquerons en temps et lieu.

2° Absence de vice du consentement. — Ces vices sont :

La *violence,* quand elle est de nature à entraver la liberté de volonté d'une personne de courage moyen ;

L'*erreur,* quand elle porte sur une qualité *substantielle* de

ayant cause à titre universel de leur débiteur ? — Qu'est-ce que l'action rescisoire ? — [Quand y a-t-il obligation naturelle ? — Citer des cas. — En quoi diffère-t-elle des devoirs moraux ? — Qu'est-ce qu'une obligation solidaire ? — à terme ? — conditionnelle ?]

Quelles sont les sources de l'obligation ? — Définir la convention, — le contrat, — le délit — le quasi-délit; — donner des exemples de quasi-contrats, — d'obligations créées par la loi.

Énumérer les conditions d'existence des conventions et contrats. — Comment les volontés doivent-elles se manifester ? — Qu'est-ce qu'on appelle offre, ou pollicitation? — quelle en est la valeur ? — Qu'est-ce qu'un acte occulte ? — fictif ? — déguisé ? — par personne interposée ? — Différence entre le défaut de concordance des volontés par erreur, et l'erreur sur les qualités substantielles de l'objet.

Qu'est-ce que la liberté des conventions ? — Des promesses que l'on ne peut faire valablement. — Citer des exemples.

Exercices pratiques. — Imaginer des cas de faute contractuelle.

l'objet, c'est-à-dire à laquelle on tenait spécialement, si bien qu'on n'aurait pas contracté si on en avait su l'inexistence ;

Le *dol*, c'est-à-dire les manœuvres frauduleuses par lesquelles une des parties a amené l'autre à contracter ;

La *lésion*, c'est-à-dire l'infériorité de valeur pécuniaire de la prestation qu'on fait par rapport à celle qu'on reçoit, n'est un vice produisant effet que pour les copartageants (lésion de plus du quart), le vendeur d'immeuble (lésion de plus des sept douzièmes) et le mineur agissant par lui-même.

III

Nullités des contrats.

Les diverses conditions qui précèdent ne sont pas toutes sanctionnées de la même façon ; on peut distinguer trois groupes de cas et trois degrés de nullité :

I. **Inexistence**. — Lorsqu'un prétendu contrat manque entièrement de l'un de ses éléments essentiels, volontés, accord, etc., il n'y a même pas besoin d'un texte qui le frappe de nullité, il est inexistant. La loi n'a pas à nous dire qu'il ne peut y avoir de contrat sans accord, ou vente sans chose à vendre.

Cette *nullité-inexistence* consiste donc pour le prétendu acte (qui ne répond à la notion légale d'aucun genre d'actes connu de la loi) à ne pas se former, et par suite, à ne produire aucun effet. Les faits d'exécution qu'une des parties aurait accomplis sont sans cause et donnent lieu à des restitutions : revendication s'il y a eu tradition dans l'intention de transférer la propriété, répétition des sommes d'argent versées, etc.

II. **Nullité radicale**. — Lorsque l'acte, tel qu'il s'est produit en fait, réunit tous les éléments essentiels des actes de son nom, il est possible qu'il ne satisfasse pas à telle ou telle exigence extérieure de la loi ; par exemple à des conditions de forme ou de capacité. Il existe, mais peut être rendu, par une disposition formelle de la loi, inefficace dès l'origine. C'est ce qui arrive aux actes solennels passés sans les formes voulues. Cette *nullité de plein droit* diffère de l'inexistence à quelques points de vue, mais usuellement elle peut se confondre avec elle.

III. **Annulabilité.** — Enfin, il est possible que tout en tenant à son exigence et désirant la sanctionner, la loi ne veuille cependant pas frapper ainsi l'acte de parti pris. Peut-être vaut-il mieux fermer les yeux, par exemple s'il n'y a pas demande de la partie dans l'intérêt de laquelle la règle était édictée. Ainsi, pourquoi vouloir à toutes forces annuler un acte fait par un mineur, alors que, devenu majeur, il en désire le respect? Dans de pareils cas la loi laissera l'acte produire ses effets, sauf à permettre à un nombre plus ou moins grand de personnes, sous des conditions plus ou moins larges, de faire déclarer par la justice qu'il ne leur est pas opposable. Elle donnera même à ces personnes, si elles préfèrent ne pas attendre quelque occasion indirecte, le droit d'intenter un procès exprès pour faire annuler l'acte à leur égard (*action en nullité*).

Ce serait du reste une erreur de croire que l'annulation soit pour l'acte ce qu'est la mort pour une personne, d'abord parce que cette dernière ne supprime la vie que pour l'avenir; l'annulation, au contraire, frappe le passé et fait que tout, en principe, est réglé *rétroactivement* comme si l'acte ne s'était pas produit; ensuite la mort est absolue; l'annulation, sauf exception, est relative, c'est-à-dire rend l'acte non opposable aux personnes qui ont gagné au procès, mais le laisse efficace contre les autres.

Cette troisième espèce de nullité, que les théoriciens appellent en général *annulabilité*, peut être définie « le vice qui consiste, pour un acte, à pouvoir d'un moment à l'autre être privé rétroactivement de ses effets par jugement ».

On l'appelle *nullité absolue* (encore un mot à double sens) quand elle est invocable par toutes les personnes que la loi appelle les intéressés, *nullité relative* quand elle ne l'est que par certains d'entre ces derniers. En ce cas, si ces ayants droit renoncent à l'invoquer, l'acte est *confirmé*, c'est-à-dire validé.

C'est l'annulabilité absolue qui frappe l'acte de l'interdit légalement, et l'annulabilité relative, les actes des autres incapables, ou les actes dans lesquels un consentement est vicié par les violence, erreur, lésion, dol, vus plus haut.

IV

Preuve des contrats.

La loi connaît, en matière civile, *quatre espèces de preuves : par témoins, par écrit, par aveu, par serment.*

L'aveu et le **serment** supposent que le débiteur n'est pas un malhonnête homme ; autrement il n'avouera pas, ou jurera même qu'il ne doit rien ; puis, s'il n'est pas au courant de la situation (c'est possible s'il s'agit d'un héritier du débiteur prétendu), il s'en rapportera au serment du réclamant, et ce dernier devra être bien sûr de son droit pour jurer. Ce sont là des preuves souvent aléatoires ou mal commodes.

Celle par **témoins** n'est pas très bien vue de la loi qui craint des achats de faux témoignages quand l'intérêt engagé est considérable. Aussi quelquefois elle la défend entièrement, et quand elle la permet, ce qui est le droit commun, c'est seulement 1° quand il y a un commencement de preuve par écrit (c'est-à-dire par exemple une lettre où le débiteur prétendu fait allusion à sa dette), ou bien, 2°, quand il s'agit d'un intérêt de 150 francs au maximum, ou alors, 3°, quand le fait à prouver est de ceux pour lesquels on ne pouvait faire établir une preuve d'avance : accident, incendie, perte d'un acte, etc.

Hors de là il ne reste donc comme preuve que celle par écrit ou acte.

Acte. — Ce mot a plusieurs sens. Il signifie souvent l'opération ou effet juridique qu'on a voulu réaliser (engagement, cession de propriété, vente, donation, etc.) ; souvent aussi le fait par lequel on le réalise (contrat, legs, etc.). Ici, il signifie l'écrit dressé exprès pour constater ce fait. (Cette théorie de la preuve écrite ne concerne donc pas seulement les contrats, quoiqu'on l'étudie volontiers à propos d'eux.)

Diverses espèces d'actes. — On distingue l'*acte sous seing privé* et l'*acte authentique.*

L'acte sous seing privé (c'est-à-dire signé par un simple particulier) est celui que dresse, pour constater un fait, l'individu même contre lequel il pourra être invoqué.

Lorsqu'il s'agit d'un contrat synallagmatique (voir p. 19), l'acte doit être fait en autant d'exemplaires qu'il y a d'intérêts opposés, et porter mention du nombre de ses exemplaires. Ainsi la vente d'un bien qui est indivis entre deux propriétaires, intéressant trois personnes, n'aura cependant besoin d'être faite qu'à deux exemplaires, puisque les deux copropriétaires ont l'un par rapport à l'autre des intérêts distincts mais non opposés.

Lorsque le contrat à constater est unilatéral, et que l'objet dû est une somme d'argent, ou une certaine quantité de choses déterminée au poids, au nombre ou à la mesure (tant de kilogrammes de pain, tant de sacs de farine, etc.), la loi veut que l'obligé, s'il n'écrit pas l'acte entier lui-même, fasse précéder sa signature du rappel du montant de sa dette en toutes lettres. D'ordinaire on le fait sous la forme : « **Bon pour...** » ou « **Approuvé pour...** ». Cette formalité a pour but d'empêcher que l'on ne fasse signer à un débiteur trop confiant un acte qu'il ne relirait point et où l'on augmenterait le montant de sa dette, ou que l'on ajoute un chiffre aux chiffres écrits par lui.

Elle n'est cependant pas exigée pour les dettes commerciales ni pour les actes signés de personnes qui, au temps du Code, étaient souvent illettrées : artisans, laboureurs, vignerons, gens de journée et de service.

Force probante de l'acte sous seing privé. — Un tel acte ne peut bien entendu (autrement il serait trop facile de se créer des preuves contre autrui), faire foi pour ceux qui l'ont signé ou leurs ayants cause.

Contre eux il fait foi complète de son contenu, à moins qu'ils ne puissent produire une contre-lettre.

En revanche, la **force probante de la date** est moindre, et si un des ayants cause du débiteur ou de l'aliénateur a intérêt à la contester contre un autre, il le peut. Ainsi, dans une faillite, les créanciers auxquels veut s'adjoindre une personne montrant une reconnaissance de dette signée du failli auront le droit de prétendre que cette reconnaissance est peut-être postérieure à la cessation des payements et que par suite elle n'est pas opposable aux créanciers antérieurs, car, à partir de cette cessation, le débiteur n'a pas pu faire d'actes contre ses créanciers.

De même, dans certains cas, un acquéreur auquel on oppose un acte d'acquisition soi-disant antérieur a le droit de contester cette antériorité, et d'exiger qu'on la prouve.

Il y a exception pour les quittances ; elles font foi de leur date.

Date certaine. — La date de l'acte devient « certaine » dans trois cas : *lorsque l'un des signataires de l'acte est mort ; lorsque l'acte est rappelé ou reproduit dans un acte authentique*, enfin *lorsqu'il a été enregistré* (voir *Impôts*, cours de 2e année, p. 80). Dans ces trois cas, il est certain, tout au moins, que l'acte est antérieur à cette mort, cet acte authentique ou cet enregistrement.

Acte authentique. — C'est l'*acte dressé par un officier public ayant précisément mission de constater le genre de faits que l'acte constate.* Ainsi l'acte dressé par un notaire constatant un contrat ou quelques-unes des déclarations que la loi le charge de recevoir ; l'acte dressé par un greffier constatant un acte du tribunal auquel il est attaché ; l'acte de l'état civil, acte de naissance, de mariage, de décès, etc., dressé par un officier de l'état civil.

Un tel acte fait foi d'une façon toute particulière (jusqu'à inscription de faux) pour tout ce que l'officier compétent affirme avoir constaté par lui-même (non pour la vérité de ce qu'on lui a déclaré). L'officier public s'expose à des condamnations graves si par négligence, et *a fortiori*, par fraude, il fait des constatations inexactes, et, en revanche, on ne peut nier la véracité de ses dires que par l'inscription de faux. C'est une procédure grave qui expose le perdant à une amende d'au moins 300 francs et à des dommages-intérêts.

En matière de contrat, les seuls actes authentiques possibles sont, soit l'acte notarié, soit le procès-verbal du greffier du juge de paix, si un contrat s'est fait en conciliation, soit enfin le jugement, si par hasard l'accord s'étant fait à l'audience du tribunal, les parties ont cependant désiré le faire constater par jugement.

Copie d'un acte authentique. — On peut toujours en contester la fidélité, et alors celui qui veut s'en servir est obligé d'exhiber l'original. Toutefois, à de certaines conditions indiquées par le Code, elle peut faire foi si l'original est perdu.

Les copies des actes de l'état civil, nous l'avons vu, font foi.

Contre-lettre. — Les actes sous seing privé ou notariés qui ont pour but de constater que tel acte montré est fictif, déguisé, par personnes interposées, ou mensonger d'une façon ou d'une autre, et par suite d'en détruire ou d'en changer les effets, s'appellent des *contre-lettres*. Nous avons déjà dit quelle était la valeur des contrats occultes.

Droits fiscaux. — La loi fiscale soumet les contrats, même par acte authentique, *au timbre*, c'est-à-dire à l'obligation du papier timbré, et à des *droits d'enregistrement* (voir cours de 2ᵉ année, p. 80) variables suivant la nature des actes ou le montant des intérêts engagés.

V

Division des contrats.

On peut les diviser à deux points de vue en :

A. **Contrats à titre onéreux** et **contrats à titre gratuit ou de bienfaisance.** — Les premiers, vente, louage, assurance, prêt à intérêt, etc., sont ceux dans lesquels il y a prestation de part et d'autre, chaque partie faisant la sienne en vue de celle de l'autre.

Les seconds, donation, mandat, dépôt, etc., sont ceux dans

lesquels il n'y a sacrifice que d'un côté, l'autre partie agissant par générosité ou complaisance.

B. **Synallagmatiques et unilatéraux**. — Les premiers sont ceux qui imposent des obligations aux deux parties, vente, louage, assurance, etc. ; les seconds, ceux qui n'en imposent qu'à l'une des deux.

Ce second cas se présente avec tous les contrats de bienfaisance : et il se présente avec les contrats à titre onéreux, lorsque la prestation de l'une des parties est, non pas un engagement, mais un sacrifice une fois fait, par exemple un versement d'argent comme dans le cas de prêt à intérêt.

Accidentellement, un contrat classé par la loi comme unilatéral peut devenir synallagmatique ; c'est ce qui arrive par exemple à la donation avec charges, c'est-à-dire avec l'obligation, pour le donataire, par exemple de servir une rente au donateur ; de même celui qui prête son cheval, ne doit rien ; l'emprunteur seul est obligé; mais si, sans la faute de ce dernier, le cheval tombe malade et qu'il faille faire des frais pour le soigner, le prêteur devra les rembourser. Le fait se produit souvent avec le prêt à usage, le dépôt et le gage, et on les appelle volontiers *synallagmatiques imparfaits*.

(Fin de la 2ᵉ leçon.) [1]

1. **Questions** : Quelles sont les conditions de validité des conventions et contrats ? — Quels sont les incapables de contracter ? — Quels sont les vices du consentement ? — Qu'est-ce que la violence ? — L'erreur sur les qualités substantielles de l'objet ? — le dol ? — la lésion ?

Quelle différence y a-t-il entre l'inexistence ou la nullité de plein droit et l'annulabilité ? — Quel sens ont les mots : absolu, relatif, dans les expressions nullité absolue, nullité relative ?

Quels sont les modes ordinaires de preuve des actes ? — Quand la preuve par témoins est-elle possible ? — Qu'est-ce qu'un « acte » dans le sens d'écrit probatoire ? — un acte sous seing privé ? — un acte authentique ? — Quelle est la force probante de l'acte sous seing privé ? — de l'acte authentique ? — d'une copie d'un acte authentique ? — Qu'est-ce qu'une contre-lettre ?

Qu'est-ce qu'un contrat à titre onéreux ? — à titre gratuit ? — synallagmatique ? — unilatéral ?

Exercices pratiques : Prendre un acte authentique (contrat de mariage, acte de l'état civil, exploit d'huissier, etc.) et voir ce qui dans cet acte est authentique ou non.

ÉTUDE PRATIQUE DES CONTRATS
LES PLUS USUELS

(Programme : la vente, le louage. Louage des choses. Baux à ferme et à loyer. Colonage partiaire ou métayage. Cheptel. Louage de services Rapports entre ouvriers et patrons. Conflits industriels et grèves. Accidents du travail. Le prêt à intérêt. L'usure. Notions très sommaires sur les privilèges et hypothèques. — Les assurances : principes et solutions pratiques en prenant pour types l'assurance contre l'incendie et l'assurance sur la vie.)

TROISIÈME LEÇON.

Vente.

C'est le contrat par lequel deux personnes s'engagent à donner, l'une une chose déterminée ou une certaine quantité de choses de tel genre, et l'autre, une somme d'argent (prix).

Le Code dit qu'elle est nulle si le vendeur n'est pas propriétaire ; toutefois, il semble qu'il s'agisse seulement d'une nullité invocable par l'acheteur, lorsqu'il manifeste son intention avant que le vendeur ne soit arrivé à le rendre propriétaire.

Obligations du vendeur. — 1° Obligation de *livrer* la chose, et de *veiller* en attendant à ce qu'elle ne se perde ni ne s'abîme.

2° *Garantie des vices rédhibitoires*, c'est-à-dire cachés, inconnus de l'acheteur, antérieurs, au moins en germe, à la vente, et nuisibles non pas à l'agrément de jouissance, mais à l'utilité même de la chose. Si de tels vices existent, l'acheteur a le choix entre *l'action rédhibitoire* (pour « ravoir » le prix payé), c'est-à-dire l'action résolutoire de la vente, et *l'action estimatoire,* pour faire diminuer son prix d'achat.

L'action choisie doit être intentée dans un délai assez bref pour que l'acheteur ne puisse être considéré comme ayant accepté ces vices.

Une loi spéciale, loi du 2 août 1884, modifiée par une loi du 31 juillet 1895, prévoit le cas où la chose vendue est un animal des espèces chevaline (cheval, âne, mulet) ou porcine, pas des autres. La loi énumère les vices rédhibitoires (art. 2), limite sa propre application aux ventes dans lesquelles le prix est au moins de 100 francs, et restreint à neuf jours francs en principe (trente jours dans un cas) le délai de l'action, permet enfin au vendeur d'échapper à l'action en offrant de reprendre l'animal et de rendre le prix.

3° Obligation de *ne rien faire qui diminue la valeur de l'objet vendu,* par exemple, au cas de vente d'un fonds de commerce, de ne pas fonder un commerce analogue dans le voisinage ; au cas de vente d'un moulin, de ne pas faire dans les fonds supérieurs conservés des travaux de nature à diminuer la hauteur de l'eau, etc.

4° Obligation de *garantie contre l'éviction,* c'est-à-dire, si un tiers prétend que la propriété vendue lui appartenait à lui et non au vendeur, et la revendique contre l'acheteur, ou prétend à quelque droit réel sur elle, obligation de défendre l'acheteur, de lui faire gagner le procès, et si non, s'il est « évincé », de lui rembourser le prix, les frais du contrat et du procès, les fruits qu'il doit rendre s'il a à en rendre, la plus-value que la chose avait pu acquérir, les dépenses faites pour elle, etc., en un mot de faire en sorte que l'acheteur ne subisse aucune perte sur ce qu'il a déboursé, ni sur ce qu'il était en droit de considérer comme un bénéfice acquis.

Obligations de l'acheteur. — 1° *Venir chercher la chose,* si la convention n'est pas que le vendeur la lui amène ou apporte. Autrement le vendeur peut se faire autoriser par justice à la déposer en quelque endroit à la disposition de l'acheteur, ou demander la résolution de la vente, et même, quand il s'agit de denrées et effets mobiliers avec délai fixé pour leur retirement, considérer la vente comme résolue de plein droit et vendre à d'autres ;

2° *Supporter les frais de la vente* à moins de clause spéciale ;

3° *Payer le prix*. Ce prix est *portable ;* c'est-à-dire qu'il doit être « apporté » par l'acheteur au moment de la livraison de la chose et là où se fait la livraison, tandis qu'en droit commun les créances sont « quérables », c'est-à-dire que le créancier doit aller chercher lui-même la somme au domicile du débiteur.

Le contrat peut fixer les intérêts dus par l'acheteur tant qu'il ne paiera pas ; cette fixation est libre, la limitation du taux ne concernant que les prêts. De plein droit le prix produit 4 p. 100 à partir de la livraison de la chose si elle est frugifère. Sinon il faut sommation.

Garanties des droits du vendeur : — 1° Le droit de *ne livrer que contre paiement,* sauf clause donnant un délai pour ce dernier ;

2° La *revendication*, c'est-à-dire, ici, le droit de réclamer qu'on le remette en possession de sa chose mobilière non payée, pourvu qu'on soit encore dans la huitaine et que l'acheteur n'ait pas encore passé la chose à d'autres ;

3° Le *privilège du vendeur non payé* (voir plus loin, p. 44) ;

4° L'*action en résolution*.

Ventes lésionnaires. — Les ventes d'immeubles présentent cette particularité que si le prix est inférieur aux 5/12 de la valeur du bien, la loi suppose alors que le vendeur a été victime d'une véritable violence due à quelque besoin d'argent et lui permet de demander la *rescision pour lésion*. L'acheteur peut y échapper en payant ce qui manque au prix pour atteindre les 9/10 de la valeur fixée par l'expertise. La loi lui laisse un bénéfice de 1/10 sur la valeur du bien.

Ventes à caractère spécial.

Quelquefois un propriétaire ne vendant sa chose (par exemple un bien venant de famille) qu'à regret et par besoin d'argent, se réserve le droit de le racheter dans un délai de... (5 ans au maximum) en remboursant le prix. C'est la **vente à réméré**. Le droit d'exercer la reprise peut d'ailleurs être cédé ; c'est une créance.

Certaines maisons de commerce pratiquent pour des meubles, machines à coudre, livres, etc., un système qui consiste à laisser payer le prix par petites fractions égales, à intervalles réguliers. C'est la « **vente à tempérament** ». Souvent pour se mettre à l'abri des non-paiements, elles déguisent la vente sous la forme du louage ; toutes ces sommes échelonnées sont le prix de la location ; mais après paiement de tant de loyers, l'objet appartiendra au locataire ; en pareil cas, tant qu'il n'y a pas paiement du dernier terme, le soi-disant locateur peut reprendre l'objet sans rien rendre. C'est donc une combinaison très dangereuse. et dont beaucoup d'ouvrières, pour les machines à coudre par exemple, sont victimes.

Des banques en ont fait autant pour des valeurs à lots, en les conservant chez elles jusqu'à paiement complet Une loi du 12 mars 1900 a réglementé cette opération.

Enfin beaucoup de maisons de commerce au moment des paiements, remettent aux payeurs des **tickets** qui donnent droit, lorsqu'on en a pour une somme d'un minimum de ..., à un objet à prendre chez un autre commerçant qui les accepte comme argent. C'est encore là une combinaison dangereuse pour le grand public ainsi amené à faire ses achats toujours dans les mêmes maisons et dans des conditions souvent mauvaises. Un projet de loi, en ce moment même, semble sur le point d'être voté pour la réglementer elle aussi.

On donne le nom de **licitation** à la vente d'un bien indivis faite aux enchères publiques.

Elle se fait en justice lorsque les propriétaires ou certains d'eux sont mineurs, ou lorsque, majeurs, ils ne s'entendent pas.

Si c'est un de ses propriétaires qui se portent adjudicataire, l'opération est considérée non comme une vente, mais comme un acte de partage, et le prix payé aux autres est une « soulte », c'est-à-dire la somme d'argent que, dans les partages où on ne peut faire des lots égaux, on met à la charge du lot trop fort. Cette règle a une très grande importance, en particulier au point de vue des droits de mutation.

Avec la **vente de droits litigieux**, c'est-à-dire pour lesquels il y a procès portant sur la question de leur existence ou de leur montant, la personne contre laquelle existe le droit ainsi cédé peut en général, si elle le veut, prendre le marché pour elle en remboursant l'acquéreur, de façon à éteindre ainsi le litige ; c'est ce qu'on appelle le *retrait litigieux*.

Louage.

Le **louage** est le contrat par lequel les deux parties s'engagent l'une (*locateur*) à procurer à l'autre (*locataire*) la jouissance d'un certain bien, moyennant versement d'un certain prix.

Ce prix se compose d'ordinaire de sommes exigibles à de certains termes périodiques tant que durera la jouissance ; il est en tout cas proportionnel avec cette durée.

On peut louer toute espèce de biens, immeubles (maisons, prés, champs, etc.) ou meubles (cheval, voiture, meubles meublants, etc.), des droits (droit de passage sur un fonds, droit de chasse, droit de puisage à une source), même le droit au travail ou à un certain travail du locateur, etc.

Lorsque le bien loué est un immeuble, on appelle volontiers le louage et les deux parties *bail, bailleur* et *preneur*, et, si c'est un bien rural, *fermage, bailleur* et *fermier*, et le prix du louage en ce dernier cas se nomme *fermage* ou souvent *canon* (d'un mot grec qui veut dire règle, chose régulière, arrivant à terme fixe). Lorsque le bien loué est le travail du locateur, on dit *louage de services* ou d'*ouvrage*, et le prix du loyer s'appelle suivant les cas : *honoraires* (pour le travail d'une profession libérale, du docteur en médecine, etc.), *traitement* (pour celui du fonctionnaire ou employé), *salaire* (pour celui de l'ouvrier), *gages* (pour celui du domestique).

Enfin le louage d'une somme d'argent aussitôt qu'elle est versée s'appelle le *prêt,* et le loyer, les *intérêts*.

Ces différentes formes du louage ayant leurs règles spéciales doivent être étudiées séparément.

Louage de choses.

Obligations du locateur. — Il doit procurer au locataire la jouissance du bien loué, par conséquent :

Mettre les lieux en bon état avant la livraison ;

Tenir les bâtiments clos et couverts;

Faire les réparations autres que celles qui viennent de l'usage de la chose et qui sont à la charge du preneur ;

Défendre ce dernier contre les tiers qui revendiqueraient ou exerceraient de façon gênante pour lui un droit venant de lui locateur, par exemple une servitude de passage établie depuis le bail; il n'a pas à le défendre par exemple contre un voisin laissant sortir de chez lui des odeurs ou des émanations désagréables ou malsaines; le locataire, ici, peut se défendre lui-même ;

Le garantir contre les vices qui rendent la chose d'un usage difficile ou trop peu commode (existence invétérée de punaises dans un appartement, cheminées fumant, etc.); il en est ainsi même si le préjudice naît postérieurement du fait légitime d'un voisin qui, par exemple, bâtit sur son fonds, cache le jour, et rend le logement loué notablement moins habitable. Le preneur a, dans tous ces cas, droit à diminution du prix du bail ou à résiliation, et même à des dommages-intérêts s'il y a eu perte pour lui.

Obligations du locataire. — 1° Ne pas faire de la chose un *usage contraire aux conventions* ou à ce qui était vraisemblablement l'intention des parties au moment du contrat ; donc ne pas faire d'une maison bourgeoise un hôtel ou une maison de commerce ou un café ;

2° En user « *en bon père de famille* » c'est-à-dire avec les soins qu'apporte à ménager ses propres choses un propriétaire soigneux sans être méticuleux à l'excès.

3° Tenir les locaux loués *en bon état de* « *réparations locatives* »; on entend par là celles qui sont désignées comme telles par les usages locaux et d'ordinaire, entre autres, réparations aux âtres, chambranles et tablettes de cheminées, recrépiment du bas des murs des locaux d'habitation à la hauteur d'un mètre, remplacement des carreaux des chambres carrelées lorsque certains seulement sont brisés et qu'il ne s'agit pas d'un remplacement général, remplacement des vitres à moins qu'il n'y ait eu bris par la grêle ou quelque accident extraordinaire, réfection des gonds, serrures, tar-

gettes des portes, fermetures des boutiques, etc., à moins que
la nécessité de toutes ces réparations ne vienne, non de
quelque maladresse dans l'usage, mais de vétusté ou d'un cas
de force majeure (incendie d'une maison voisine, foudre, etc.),
ramonage des cheminées, etc. C'est au contraire au locateur
de faire les « grosses réparations » et à veiller au curement
des puits et des fosses d'aisance.

Lorsqu'une réparation est urgente, le locataire doit s'y
prêter même si elle le gêne, pourvu qu'elle ne dure pas plus
de quarante jours, cas auquel il a droit à une diminution
proportionnelle de son loyer.

4° Au cas de bail à ferme, avertir le bailleur de toutes les
usurpations commises par des tiers, dès qu'elles se produisent.

5° Remettre la chose au locateur *dans l'état où il l'a reçue*
(abstraction faite des détériorations que produisent la vétusté
et l'usage) ; démolir par exemple les constructions qu'il
aurait eu l'imprudence d'élever sur le sol loué, si le locateur
ne veut pas les conserver ; l'indemniser s'il ne peut lui
rendre la chose, à moins de prouver que la perte ne lui est
pas imputable, à lui locataire.

(Fin de la 3ᵉ leçon [1]).

QUATRIEME LEÇON.

Responsabilité au cas d'incendie. — Conformément à ce
principe, au cas d'incendie de locaux loués, le locataire doit
en rembourser la valeur à moins de prouver par exemple que
le feu est venu de la maison voisine, ou qu'il est dû à quelque
vice de construction (ainsi d'une cheminée passant trop
près d'une poutre, etc.) ou, d'un cas fortuit ou de force

---

1. **Questions** : Qu'est-ce que la vente ? — les vices rédhibitoires ? —
A quelles actions ils donnent lieu. Règles spéciales aux ventes d'animaux des espèces chevaline et porcine. — Qu'est-ce que la garantie
contre l'éviction ? — Quelles sont les obligations du vendeur ? — de
l'acheteur ? — les garanties du vendeur ? — une vente lesionnaire ? —
le retrait litigieux ?

Qu'est-ce que le louage ? — Terminologies différentes suivant les différentes espèces de choses louées. — Quelles sont les obligations du locateur ? — du locataire ? — Qu'est-ce que les réparations locatives ?

majeure (inondation, chute de la foudre) ou qu'en tous cas, quelle que soit la cause, elle ne peut venir de lui (parce que, par exemple, il était en voyage avec tous les siens depuis un temps qui écarte cette imputabilité, et qu'il n'a commis aucune faute en quittant la maison).

Lorsqu'il y a dans la maison plusieurs locataires, ils sont tous responsables, chacun proportionnellement à la valeur locative des locaux qu'il occupe, à moins de prouver que le feu n'a pas commencé chez lui.

Quand le locateur habite lui-même une partie de la maison, il est soumis au régime des locataires, et compte comme un d'entre eux.

Si le locataire était assuré, il ne peut toucher l'indemnité qu'après avoir désintéressé le locateur.

Garanties des droits du locateur. — Il a un privilège sur les meubles meublants garnissant les locaux loués.

Au cas de bail de maison ou d'appartement, le locataire doit y amener et garder un mobilier suffisant pour garantir au moins un terme et même un peu plus (et ne pas enlever de meubles malgré le locateur) ou bien donner la même garantie par hypothèque ou caution, sous peine d'expulsion.

Au cas de bail à ferme, cette garantie, n'existant guère pour les meubles, est aidée par l'obligation d'engranger les moissons dans les locaux loués à ce destinés, et de tenir toujours la ferme garnie des bestiaux et ustensiles nécessaires à la bonne exploitation du domaine.

Cas d'aliénation des biens loués. — Le droit du locataire n'est pas un droit réel, c'est une simple créance, droit à ce que le locateur le fasse jouir des lieux loués. Cependant, par dérogation au droit commun, s'il y a aliénation par le locateur propriétaire, l'acquéreur est censé avoir accepté la suite de ses obligations par rapport au locataire, si le bail a date certaine antérieure à l'aliénation. Toutefois un bail de plus de dix-huit ans ne lui serait opposable que transcrit (aucun bail ne peut d'ailleurs être fait comme tel pour plus de quatre-vingt-dix-neuf ans, ou pour plus de deux générations de successeurs du preneur après le preneur lui-même).

Sous-location. — Le bail est cessible à moins de clause contraire dans l'acte ; et presque toujours, en fait, le locateur se réserve le droit de refuser les sous-locataires qu'on lui proposerait ; encore ne faut-il pas qu'il les refuse par pure méchanceté, sans raison ; il peut y avoir alors abus du droit.

Expiration du bail. — **Tacite reconduction.** — Le bail prend fin de plein droit à l'époque fixée s'il a été fait pour une durée déterminée. S'il l'a été, comme la chose arrive souvent, pour des durées renouvelables (3, 6, 9 années, etc.), l'acte détermine d'ordinaire dans quel délai chaque partie devra « donner congé » pour que le bail cesse à la fin d'une de ces périodes ; sinon, on suit les usages locaux. S'il n'y a pas congé en temps voulu, il y a « *tacite reconduction* », c'est-à-dire que le bail recommence de plein droit pour une nouvelle période dont la durée est celle du bail d'après les usages des lieux pour les baux non écrits.

Souvent les locataires, surtout les fonctionnaires, se réservent le droit de résilier, même en dehors des époques de congé normal, en payant une indemnité de tant de mois de loyer.

Baux verbaux. — On appelle ainsi les *baux non constatés par écrit;* ils sont mal vus de la loi.

Par dérogation au droit commun, elle n'admet pas ici la preuve testimoniale, si faible que soit le loyer. L'existence du bail ne pourra donc se prouver que par aveu ou serment, à moins qu'il n'y ait déjà entrée en possession au vu et su du locateur, ce qui ferait preuve.

Quant au prix, il est prouvé par une quittance antérieure, s'il y en a une; sinon, le Code donne au locateur le droit de déclarer le prix sous serment, sauf au locataire à demander de faire faire à ses risques une expertise.

Le Juge ne peut déférer le serment au locataire.

S'il y a eu écrit, mais perte de cet écrit, c'est autre chose, et on retombe dans le droit commun.

Baux ruraux.

Colonage partiaire ou métayage. — C'est le bail d'un bien rural avec cette particularité que le preneur est obligé à l'exploiter et que le canon consiste en une partie des récoltes. Il a été réglementé par une loi du 18 juillet 1889, mais par des dispositions qui, presque toutes, s'appliquent seulement au cas où les usages des lieux ne sont pas nets.

Le partage des produits a lieu, sauf clause contraire, par moitié (de là le nom de métayage) ; souvent, pour ce qui n'est pas récoltes ou fruits proprement dits, légumes de jardin, œufs des poules, beurre, etc., il y a des clauses spéciales.

Le bailleur a la surveillance des travaux et la direction générale de l'exploitation dans les conditions déterminées par le bail ou par l'usage des lieux.

Si les deux parties, au moment du compte annuel, ne s'entendent pas sur le montant du revenu à partager, c'est le juge de paix qui est compétent.

Cheptel. — Ce nom, qui se prononce *chetel,* vient d'un mot latin qui, au moyen âge, était employé pour désigner surtout le bétail. Dans tous les baux dits à cheptel il s'agit en effet de bétail, non de quelques têtes isolées, mais de tout un troupeau ou « fonds de bétail » « susceptible de croît (c'est-à-dire d'augmentation par la conservation des petits) ou de profit pour l'agriculture ou le commerce ».

Les baux auxquels un tel fonds peut donner lieu sont de plusieurs types différents :

1º Le cheptel *simple* ou *ordinaire :* Le propriétaire de bestiaux les donne à garder, nourrir et soigner, à un preneur, avec estimation au moment de la livraison. Les petits sont conservés, à moins d'entente entre preneur et bailleur. Pendant la durée du bail, le preneur, en compensation de ses peines et des frais qu'il supporte pour la nourriture et le soin du bétail, garde les laitages, le fumier et le travail des animaux ; les lainages se partagent entre lui et le bailleur. A la fin du bail, le bailleur commence par reprendre des bestiaux pour une valeur égale à la valeur initiale. S'il y a moins ou s'il y a plus, perte et plus-value se partagent. La perte totale sans faute du preneur est pour le bailleur.

Ce bail, sauf clause contraire, dure trois ans.

CHEPTEL A MOITIÉ. — Le « fonds de bétail » est formé de bestiaux appartenant pour une valeur égale au bailleur et au preneur. Toutes les règles ci-dessus s'appliquent, sauf qu'à la fin de ce prétendu bail (qui est avant tout une société) le bailleur n'a aucun droit de prélèvement. Le fonds se partage par moitié.

CHEPTEL DE FER. — Le troupeau fait partie d'une exploitation rurale louée à un fermier. Le fermier doit rendre la ferme telle qu'il l'a reçue, et le cheptel comme le reste, ni plus ni moins. Il doit donc le déficit s'il y en a un, mais garde plus-value, croît, lainage, laitage, etc., sauf le fumier qui doit servir exclusivement à l'engraissage des terres de la ferme. Le nom de cheptel de fer vient de ce que le bétail est ici attaché à la ferme par un lien indissoluble.

Lorsque le preneur est, non un fermier, mais un métayer ou colon partiaire, il y a souvent des clauses spéciales, partage des laitages, etc.

Il existe bien d'autres locations spéciales encore : emphytéose, bail à domaine congéable, bail à complant, location de chasses, etc.; mais elles ne figurent pas à notre programme.

LOUAGE DE SERVICES

Il comprend, en matière ouvrière, le *contrat d'apprentissage* et le *contrat de travail*.

Contrat d'apprentissage. — C'est celui par lequel un fabricant ou chef d'atelier s'engage à enseigner sa profession à un individu, d'ordinaire un enfant ou jeune homme, qui en revanche s'engage (en général avec la garantie de ses parents) à lui payer une certaine somme ou à travailler pour lui et avec lui un certain temps.

Le contrat peut être oral ou passé par écrit, moyennant un droit de 2 francs, par les secrétaires des conseils des prudhommes, les greffiers de justice de paix ou les notaires.

Le patron doit, en outre de ce qu'il a pu promettre comme

logement, nourriture ou entretien, enseigner sa profession à l'apprenti par la pratique en travaillant avec lui ou le faisant travailler avec ses ouvriers, sans l'employer à d'autres occupations, en particulier à des occupations domestiques, veiller sur sa conduite et sa santé en père de famille, respecter les règles légales en matière de conditions et de durée du travail, donner à l'apprenti, quand ce dernier le quitte à la fin de son apprentissage, un congé d'acquit.

L'apprenti, de son côté, doit payer le patron ou travailler pour lui le temps convenu, en remplaçant les absences qu'il a pu faire pour plus de quinze jours ;

Ne pas abandonner l'atelier sous peine de dommages-intérêts qui peuvent être réclamés au nouveau patron ;

Témoigner à son patron fidélité, obéissance et respect sous peine de résolution du contrat avec dommages-intérêts et emprisonnement de trois jours prononcé par le conseil des prudhommes.

Les deux premiers mois d'apprentissage sont un temps d'essai pendant lequel on peut rompre le contrat de part et d'autre sans indemnité et sauf clause contraire, à charge de remboursement réciproque, dans la mesure voulue, des services ou de l'entretien reçus. Au delà, le contrat est rompu de plein droit, par certaines causes telles que l'appel du maître ou de l'apprenti au service militaire, ou certaines condamnations ; il peut être rompu par la justice, d'ordinaire avec dommages-intérêts, pour certaines causes telles que : manquement au contrat, ou aux lois sur le travail, inconduite habituelle de l'apprenti, transfert de la résidence du patron dans une autre commune, mariage de l'apprenti, etc.

Contrat de travail. — C'est celui par lequel une personne s'engage à travailler à titre d'ouvrier, d'employé, ou de domestique pour le compte ou le service d'un patron, employeur ou maître moyennant un salaire convenu d'avance et proportionnel avec la durée du contrat.

Ce contrat, surtout entre patron et ouvriers ou employés. est soumis à une législation toute spéciale en ce qui concerne : I. *Le placement par intermédiaire* ; II. *Le paiement du salaire ;* III. *Les conflits entre patron et ouvriers ou employés ;* IV. *La responsabilité des accidents.*

I. — Placement.

Les **bureaux de placement** sont soumis à une législation spéciale et à la surveillance de l'autorité municipale. Ils ne peuvent, sous des peines graves, demander de frais de placement qu'aux employeurs. Il en est ainsi pour les domestiques aussi bien que pour les ouvriers ou employés.

II. — Paiement du salaire.

Il doit être effectué exclusivement en monnaie métallique ou fiduciaire ayant cours légal (pas en bons par exemple, ou en marchandises). Celui des ouvriers travaillant au temps de travail doit avoir lieu au moins deux fois par mois avec seize jours d'intervalle au maximum ; celui des travailleurs aux pièces doit, si le travail est de nature à durer plus de quinze jours, donner lieu à des acomptes chaque quinzaine et être réglé entièrement dans la quinzaine qui suit la livraison ; celui des employés doit se faire au moins une fois par mois.

Le paiement ne peut avoir lieu ni un jour où le salarié a droit au repos, ni dans un débit de boissons ou magasin de vente (sauf, naturellement, pour le personnel de ce débit ou magasin). On comprend facilement les raisons de toutes ces mesures.

Salaire insaisissable et incessible. — Le salaire de l'ouvrier ou des gens de service, et les traitements des employés, commis ou fonctionnaires non supérieurs à 2.000 francs par an, ne peuvent être saisis-arrêtés que pour 1/10, après tentative de conciliation de l'ouvrier débiteur et du créancier devant le juge de paix, signification au patron par huissier, et validation de la saisie par le juge de paix.

Ce même salaire ne peut être cédé d'avance par l'ouvrier ou employé pour plus d'un second dixième.

Et enfin, même pour les retenues que le patron est auto-

isé à faire (il n'en peut faire pour fourniture d'aliments ou
e vêtements, mais seulement pour fourniture d'outils ou de
matières nécessaires au travail ou pour avances en vue de
'acquisition de ces outils ou matières), il ne peut dépasser
n troisième dixième.

Il doit donc en tous cas avoir à payer au moins 7/10, sauf
e cas d'obligations alimentaires à la charge de l'ouvrier.

Garantie du salaire. — Ouvriers et employés ont, au cas
e faillite du patron, un privilège qui les fait passer avant les
autres créanciers ; si le patron est entrepreneur de travaux
publics ou autres, le privilège porte sur les sommes dues au
patron par l'État ou l'établissement public débiteur, ou par
le propriétaire du bâtiment.

Retenue pour retraites. — Une loi de 1910 entrée en application en 1911, oblige les patrons, dans des conditions déterminées et très complexes, à faire en partie sur les salaires,
en partie sur leurs propres fonds, des versements en vue des
retraites ouvrières (voir plus loin *Economie politique*, p. 203).

(Fin de la 4º leçon¹.)

CINQUIEME LEÇON.

III. — Rapports entre patrons et ouvriers.

Ils ne sont pas laissés au principe ordinaire de la liberté
des conventions qui peut mal jouer, avec eux.

Travail des adultes. — Les mesures spéciales ici sont :

1. **Questions :** Qui est responsable au cas d'incendie d'un logement
loué ? — Qu'est-ce que le privilège du locateur ? — Peut-on sous-louer ? —
Qu'est-ce que la tacite reconduction ? — un bail verbal ? — le colonage
partiaire ? — le cheptel ? — simple ? — à moitié ? — de fer ?

Qu'est-ce que le contrat d'apprentissage ? — Règle particulière pour
la dissolution dans les deux premiers mois. — le contrat de travail ? —
Particularités légales de ce louage en ce qui concerne le paiement du
salaire.

Exercices pratiques : Parcourir un contrat de bail.

1° *Limitation de la durée du travail par jour*, en principe à 12 heures au maximum pour les manufactures et usines, c'est-à-dire pour les établissements à moteur mécanique ou à feu continu et leurs dépendances et pour les ateliers de plus de 20 ouvriers.

Cette durée descend à 10 heures dans tous les cas où des ouvriers mâles adultes travaillent avec des enfants ou des femmes dans les mêmes locaux.

Elle descend enfin à 8 heures en principe pour les piqueurs dans les mines, depuis l'entrée dans le puits jusqu'à la remontée.

2° *Défense* en principe *de faire travailler* les employés de commerce et ouvriers de l'industrie *plus de 6 jours par semaine ;* la loi ne s'applique pas aux domestiques, ouvriers agricoles, employés des professions libérales, gérants de succursales ; et des règlements spéciaux existent pour les entreprises de transport par terre ou par eau. Les vingt-quatre heures de repos doivent être en principe consécutives et embrasser le dimanche (*Repos dominical*).

Un certain nombre de dérogations à ces diverses règles sont permises.

3° Enfin, pour tous les établissements industriels et commerciaux en principe, des *mesures d'hygiène* concernant la propreté des locaux et la possibilité pour le personnel de se rapproprier, le cube d'air respirable, la qualité de l'air, l'éclairage, le chauffage, etc. ; des *mesures aussi de sécurité* contre les dangers d'incendie ou au cas d'incendie ; contre ceux venant du fait des machines, ou des substances employées, etc.

Travail des femmes et des enfants (Loi du 2 novembre 1892). — La loi protège spécialement les enfants et jeunes gens de moins de 18 ans et les femmes, les premiers plus ou moins protégés suivant leur âge (moins de 13 ans, de 13 à 16, de 16 à 18).

Les travaux dont elle s'occupe sont ceux des usines et manufactures, des mines et carrières, des chantiers, des ateliers, des spectacles forains, des représentations théâtrales (mais non ceux des magasins et bureaux, des exploitations rurales, des services domestiques, des ateliers de famille).

La protection consiste :

1° En ce que ces travaux sont fermés en principe aux enfants de moins de 13 ans (sauf à partir de 12 s'ils ont leur certificat d'études primaires et un certificat médical constatant leur aptitude à ces travaux) ainsi qu'aux enfants de moins de 16 ans pour lesquels l'inspecteur du travail exigerait un tel certificat ;

2° Dans la limitation de la durée du travail par jour en principe (il y a deux exceptions) à 10 heures au maximum pour les enfants et jeunes gens de moins de 18 ans et les femmes, avec repos obligatoire en même temps pour tous (de façon que la femme puisse rentrer au foyer avec ses enfants ou jeunes frères) ;

3° Dans la défense totale ou partielle d'employer des enfants ou femmes à de certains travaux démoralisants, excessifs, dangereux.

Les femmes en particulier, à n'importe quel âge, ne peuvent être employées à des travaux souterrains, et même pour les enfants mâles il y a alors des limitations spéciales de durée ;

4° Enfin dans la limitation du travail de nuit.

Inspection du travail. — Toute cette réglementation est surveillée par des *inspecteurs du travail,* en principe un par département (certains départements en ont plusieurs), nommés au concours, avec inspecteurs divisionnaires nommés au choix parmi eux. Leur surveillance s'étend même aux ateliers de famille, pour s'assurer qu'on n'y emploie ni appareil mécanique exigeant les mesures de sécurité ordinaires, ni étrangers ; elle n'embrasse cependant ni les travaux agricoles ou domestiques, ni les mines (elles sont soumises à un régime spécial). Munis de leur carte d'identité, ils ont le droit d'entrée dans tous les locaux de travail, même aux jours de repos, même la nuit, non seulement quand on y travaille avec autorisation, mais même si on n'a pas le droit d'y travailler (des indices pouvant leur faire présumer qu'on y travaille).

Dans les mines, l'inspection est faite par les ingénieurs des mines et des délégués mineurs élus pour 3 ans par les mineurs électeurs de 25 ans, à des conditions spéciales.

Toute cette législation, malgré la nécessité qui s'impose de corriger certaines règles, fait le plus grand honneur aux hommes et commissions qui l'ont préparée, et à l'industrie qui, somme toute, malgré des résistances individuelles, s'y est soumise plus que loyalement.

CONFLITS INDUSTRIELS ET GRÈVES

Grève. — C'est la cessation du travail par les ouvriers ou par le patron. Toutefois dans le langage courant on réserve ce nom à celle des ouvriers, et on appelle *lock-out* le fait pour un patron de fermer ses ateliers, renvoyant ainsi les ouvriers. L'une et l'autre grève ont cessé d'être des délits pénaux, pourvu qu'elles ne s'accompagnent pas de violences, menaces ou manœuvres frauduleuses portant atteinte à la liberté du travail, délit punissable de 6 jours à 3 ans de prison et de 16 à 3000 francs d'amende, ou de l'une de ces deux peines.

Toutes deux deviennent toutefois illégitimes en droit civil et peuvent faire condamner à des dommages-intérêts, lorsqu'elles se proposent une atteinte à la liberté, et par exemple ont pour but de forcer soit des ouvriers à ne pas se syndiquer, soit un patron à congédier un ouvrier simplement parce qu'il refuse d'obéir au syndicat. Mais la responsabilité de ce dernier restera plus théorique que pratique, tant qu'il n'aura pas de biens.

Le droit de grève n'entraîne pas d'ailleurs le droit de rompre ses engagements sans les délais d'usage ; il n'est que le droit de s'entendre avec d'autres pour ne pas reprendre le travail ou rouvrir les ateliers quand on sera libre envers patrons ou ouvriers. Autrement il y a *faute contractuelle*. C'est une notion perdue de vue, mais certaine.

Conciliation et arbitrage. — Au cas de conflit entre patron et ouvriers, ou employés, chacune des deux parties peut adresser au juge de paix une déclaration avec désignation de délégués, 5 au maximum ; le juge de paix la notifie à l'autre partie qui doit répondre et désigner des délégués dans les trois jours ; si non, il y a refus ; si oui, ces délégués forment ensemble un comité de conciliation.

Au cas de grève, le juge de paix peut d'office inviter les parties à nommer des délégués pour former ce comité.

Il délibère en présence du juge de paix.

S'il n'y a pas conciliation, le juge de paix invite les parties à nommer des arbitres, chacune les siens ou un arbitre commun.

Aucune de ces décisions n'est du reste obligatoire ; mais affichage est fait des demandes et refus de conciliation, des arbitrages, etc., à la mairie, pour éclairer du moins l'opinion publique.

IV. — **Accidents du travail.**

Principe du risque professionnel. — En droit commun, la victime d'un accident ne peut réclamer d'indemnité qu'en prouvant la faute de celui à qui elle en réclame.

Pour la plupart des industries, au contraire, la loi renverse le principe : *le patron est responsable de l'accident survenu dans le travail* à moins de prouver que cet accident a été causé volontairement par celui qui en a été victime. C'est ce que l'on appelle la théorie du *risque professionnel*. Ce risque doit être compté par le chef d'entreprise parmi tous ceux que lui fait courir son industrie.

Industries soumises à ce régime. — Ce sont celles du bâtiment (maçonnerie, charpente, serrurerie, peinture, etc.), les usines, manufactures et chantiers, les entreprises de transport par terre ou par eau, celles de chargement et déchargement, les mines, toutes les entreprises commerciales, même les entreprises agricoles lorsque l'accident est dû à l'emploi de machines mues par des moteurs inanimés.

Dans les autres professions, l'employeur peut se soumettre à ce régime par une déclaration d'adhésion faite à la mairie du lieu de son exploitation.

N'est pas soumis au régime, l'individu qui, d'ordinaire, travaille seul, et se fait exceptionnellement aider, ou le simple particulier qui fait faire chez lui des travaux par un ouvrier du dehors.

Bénéficiaires. — Ont droit à invoquer le risque tous les ouvriers ou employés, même non français, à la triple condition qu'il y ait :

1° *Accident* (non pas maladie même professionnelle ; la hernie est un accident lorsqu'elle vient d'un effort musculaire excessif) ;

2° Accident survenu à l'ouvrier *par le fait,* ou bien *à l'occasion du travail,* du fait, par exemple, d'un autre ouvrier, (non par un cas de force majeure, foudre, incendie venant du dehors), *soit à l'atelier même, soit en allant chez un client ou en revenant,* (mais non en se rendant de chez lui à son travail ou réciproquement) ;

3° Pourvu toutefois, c'est la seule exception, que l'accident *n'ait pas été provoqué par la victime* elle-même *exprès* (pour se faire blesser par exemple, ou pour causer un dégât dans l'usine ou atelier).

Montant de l'indemnité. — Elle comprend : 1° les frais médicaux jusqu'à la guérison ou jusqu'à l'ouverture de la rente au cas d'incapacité définitive de travail ; 2° s'il y a mort, les frais funéraires ; 3° une indemnité temporaire ou une rente définitive (suivant les cas) *fixée par la loi à forfait,* c'est-à-dire sans examen du dommage individuel, d'après un taux qui a pour base le salaire de la victime.

Le tribunal peut la diminuer ou augmenter s'il y a eu faute inexcusable, soit de la victime, soit du patron ou de ses préposés.

Il y a lieu à *indemnité temporaire* s'il y a incapacité de travail temporaire ; elle est de la moitié du salaire, ou du salaire moyen du dernier mois ; toutefois elle n'est pas due pour les 4 premiers jours si l'incapacité ne dure que 10 jours au plus. L'indemnité doit être payée comme le salaire, aux mêmes époques.

Si l'incapacité est définitive, l'indemnité est une *rente viagère,* de la moitié de la réduction du salaire si l'incapacité est partielle, en principe des 2/3 du salaire si elle est totale.

Si la victime de l'accident en meurt, la rente existe au profit de son conjoint ou de ses ascendants, à vie ; et au profit de ses descendants jusqu'à 16 ans suivant des taux variables.

La rente *peut être rachetée* moyennant versement de trois années, quand le titulaire est le conjoint et se remarie ou est étranger et quitte le territoire français.

La rente est *payable par trimestre échu,* sauf que le tribunal peut ordonner le paiement d'avance de la moitié du premier trimestre.

Elle est *insaisissable et incessible ;* et le patron ne peut la retenir en compensation de ce que le titulaire lui doit à lui-même.

Procédure. — *L'accident doit être déclaré dans les 48 heures* (non compris les dimanches et jours fériés), à la mairie, par le patron ou ses préposés, sous peine d'amende : puis, au bout de quatre jours de l'accident, si l'ouvrier n'a pas repris son travail, le patron doit déposer à la mairie un certificat médical constatant l'état du blessé et les suites probables de l'accident.

Au cas de procès, la compétence appartient au juge de paix, sauf pour la rente viagère, pour laquelle elle appartient au tribunal.

Le caractère d'incapacité partielle ou totale attribué à l'incapacité peut être modifié dans les trois ans de la fixation de l'indemnité, et le patron a le droit, si l'incapacité est de nature à s'atténuer, de faire visiter le blessé une fois par trimestre.

Garanties des rentes. — Le paiement en est assuré d'ordinaire par les caisses de secours que créent les patrons ou des syndicats de patrons (*syndicats de garantie*), ou par les compagnies d'assurances auxquelles ils s'assurent d'ordinaire ; sinon, il l'est par un *fonds spécial de garantie* fourni par des centimes additionnels à certains impôts ou taxes, et géré par la Caisse nationale des retraites pour la vieillesse.

Projets d'extension du régime. — Divers projets de loi tendent à étendre ce régime aux domestiques et aux ouvriers agricoles et à l'appliquer aux maladies dites professionnelles.

(Fin de la 5ᵉ leçon)[1].

SIXIÈME LEÇON.

Prêt à intérêt.

Le **prêt à intérêt** est le contrat réel par lequel, une personne donnant à une autre une certaine somme d'argent, l'autre s'engage à la lui rembourser dans un délai indiqué ou à première réclamation, et à payer, en attendant, comme loyer, une certaine somme à termes périodiques.

Ancienne prohibition de l'intérêt. — L'Église avait autrefois défendu ce genre de prêt. Tout ce qu'elle permit à la longue fut qu'on se fît payer une indemnité périodique pour la privation de l'argent prêté et la perte qui en résultait ou pour les risques de non-remboursement. Les juges pouvaient l'apprécier et la faire varier d'après ce que le prêteur aurait fait de son argent et la gravité des risques. La pratique avait inventé, pour tourner la défense, divers expédients, mais qui ne remplaçaient pas entièrement le prêt.

1. **Questions** : Règles concernant les conditions dans lesquelles doit se faire le travail — pour les adultes — pour les enfants et les femmes. — Les inspecteurs du travail. Leur pouvoir. — A quels points de vue est-il vrai de dire que la grève et le lock-out sont légitimes en droit positif ? — Mesures organisées pour arriver à la conciliation ou à l'arbitrage entre patrons et ouvriers.

Particularité en ce qui concerne les accidents arrivés dans le travail. — Que faut-il entendre par principe du risque professionnel ? — A quelles industries il s'applique. — Comment est établie l'indemnité. — Comparer ces règles et celles du droit commun en ce qui concerne les preuves à faire par ou contre l'ouvrier blessé, et l'évaluation de l'indemnité.

Qu'est-ce que le prêt à intérêt ? — A-t-il toujours été permis ? — État actuel du droit en ce qui concerne la question. — Fraudes les plus usuelles. — Qu'est-ce que l'usure ?

Cette défense, étant d'origine religieuse, n'atteignait pas les non-chrétiens qui eurent ainsi longtemps le monopole du commerce de l'argent ; la défense fut aussi levée pour certains banquiers lombards qui installèrent de nombreuses banques partout.

Elle fut peu à peu violée par la jurisprudence civile et fut abrogée en 1789.

Longtemps encore le taux de l'intérêt fut limité pour tous les genres de prêts.

État actuel. — De nos jours, le taux est libre en matière commerciale, mais est encore arrêté à 5 p. 100 au civil.

Il ne faut pas confondre ce taux maximum avec le *taux légal,* c'est-à-dire celui qui est fixé par la loi, lorsque des intérêts courent sans qu'un contrat les ait fixés et qui est de 4 p. 100.

Le dépassement de ce taux donne lieu en justice à réduction. Il se dissimule malheureusement avec assez de facilité sous des formes diverses dont la plus usuelle est la signature par l'emprunteur d'un billet renouvelable de temps à autre et par lequel il reconnaît avoir reçu plus qu'il n'a reçu en réalité, de sorte qu'à l'échéance il devra payer plus que la somme empruntée même augmentée des intérêts légaux.

Usure. — Le fait de prêter non une fois par hasard (ce n'est pas puni), mais fréquemment à un taux illicite est ce que l'on appelle un *délit d'habitude,* délit pénal d'usure puni d'amende et de prison.

Hypothèques et privilèges.

Ces sont des sûretés réelles, et pour comprendre en quoi ils consistent, il faut se rappeler quels sont les **droits des créanciers chirographaires.**

On appelle ainsi les créanciers qui n'ont pas d'autre garantie que la fortune de leur débiteur telle que la font ses actes. Leur situation a ce double inconvénient : 1° que les actes passés par leur débiteur leur sont opposables, et qu'un bien aliéné par lui est perdu pour eux ; 2° que s'ils saisissent un bien pour se faire payer, tous les autres créanciers ont droit d'intervenir et de se faire payer sur le prix, avec eux, au prorata, c'est-à-dire en proportion de leurs créances.

Sûretés personnelles, réelles. — Pour consentir à devenir créancier, ou à concéder des délais si on l'est déjà, on exige souvent des **sûretés** spéciales,

Soit une **sûreté personnelle** : l'engagement pris par un tiers, appelé **caution**, de payer lui-même si le débiteur principal ne paie pas,

Soit une **sûreté réelle** :

GAGE sur un meuble corporel, droit de le retenir chez soi (*droit de rétention*) tant qu'on ne sera pas payé, et d'être payé par préférence aux autres (*droit de préférence*) sur le prix, si on le fait vendre.

ANTICHRÈSE, droit analogue sur un immeuble corporel, donnant en outre le droit d'en percevoir les fruits en en déduisant la valeur sur les intérêts de la dette et le capital ;

Enfin **Hypothèque,**

et à certaines créances la loi donne un **privilège**.

Hypothèque. — C'est un droit réel donnant à un créancier :

1° Le *droit de suite*, c'est-à-dire le droit de faire saisir le bien malgré toute aliénation (pourvu que cette dernière ne soit pas déjà opposable aux tiers quand l'hypothèque le devient), droit par conséquent de le « suivre » d'acquéreur en acquéreur ;

2° Le *droit de préférence*, c'est-à-dire, lorsque le bien hypothéqué est saisi par un créancier, qu'un « ordre » est ouvert et que la justice dresse la liste de ceux qui ont droit à se faire payer sur ce prix, droit de venir dans l'ordre avant tous les créanciers chirographaires, et à un certain rang parmi les autres.

L'hypothèque est, on le voit, un droit *accessoire* à une créance.

Elle peut être constituée par un propriétaire pour la garantie de la dette d'un tiers.

Biens susceptibles d'hypothèque. — Elle ne porte en principe que sur des immeubles soit corporels, soit incorporels (usufruit d'un immeuble par exemple) ou sur des meubles rendus immeubles par la loi (actions de la Banque de France). Exceptionnellement elle peut être constituée sur certains meubles : navire, fonds de commerce (la loi l'appelle alors *nantissement*), principaux produits agricoles (la loi l'appelle alors *gage*, et le titre qui la constate, *warrant*).

Diverses espèces d'hypothèques. — Elle peut être *conventionnelle, légale* ou *judiciaire*.

Hypothèque conventionnelle. — Elle doit être constituée par acte notarié, sur des biens actuels et déterminés (la loi n'admet qu'exceptionnellement l'hypothèque sur biens à venir, c'est-à-dire qui pourront être acquis plus tard, mais sur lesquels on n'a encore aucun droit).

Hypothèque légale. — Elle est générale, c'est-à-dire porte sur tous les immeubles du débiteur, au fur à mesure de leur acquisition, tant qu'il vit et reste débiteur. La loi donne ainsi hypothèque :

A la femme sur les biens de son mari et sur les immeubles communs pour garantie de sa dot, de ses propres et de ses reprises et avantages matrimoniaux;

Au mineur non émancipé et *à l'interdit* sur les biens de leur tuteur pour garantie de toutes leurs actions contre lui comme tuteur, etc.

Hypothèque judiciaire, elle résulte de certains jugements, sentences arbitrales, etc., et elle est générale.

Opposabilité aux tiers. — En principe (cette formule n'est exacte qu'en gros; la matière est très compliquée), elles sont opposables aux tiers et par suite prennent rang entre elles. les hypothèques conventionnelles à partir de leur inscription sur le registre du *Conservateur des hypothèques*, les hypothèques judiciaires et légales à partir de la naissance de la créance garantie ou du jugement, (celles des incapables perdent leur rang et sont assimilées sur ce point aux conventionnelles lorsqu'elles ne sont pas inscrites dans l'année de la cessation de l'incapacité).

L'inscription se périme si elle n'est pas renouvelée dans les dix ans. Si elle l'est, fût-ce le dernier jour de la dixième année, elle continue à valoir à sa date première. Sinon elle ne compte que comme inscription nouvelle.

Certaines aliénations (expropriation pour cause d'utilité publique par exemple) *purgent*, c'est-à-dire nettoient, l'immeuble de son hypothèque qui n'a plus d'effet qu'au point de vue du partage du prix.

Pour les autres, l'acquéreur a le droit de se débarrasser des hypothèques en versant son prix aux créanciers, à la suite d'une procédure dite *purge des hypothèques.*

Privilège. — C'est la faveur donnée par la loi à certaines créances et consistant en ce que leurs titulaires, quels qu'ils soient, ont sur les biens ou sur certains biens du débiteur un droit de préférence, qui les fait venir dans l' « ordre » ouvert pour la distribution du prix d'un bien saisi, à un certain rang fixé en principe par la loi elle-même.

Le privilège diffère de l'hypothèque en ce que :

1° Il ne peut résulter que de la loi ; et non d'un contrat ou d'un jugement;

2° Il peut porter sur les meubles et les biens à venir.

Diverses espèces de privilèges. — On les divise en trois grands groupes :

I. *Privilèges généraux,* portant sur tous les meubles et accessoirement sur les immeubles ; accessoirement, c'est-à-dire que le créancier ne peut saisir les immeubles qu'après les meubles si ces derniers ne suffisent pas.

II. *Privilèges spéciaux sur meubles,* c'est-à-dire ne donnant une situation spéciale au créancier que sur des meubles déterminés.

III. *Privilèges spéciaux sur immeubles.*

Principaux privilèges. — Citons :

I. — Dans le premier groupe (privilèges généraux) ceux :

Des frais de justice, c'est-à-dire des frais faits pour réaliser, convertir en argent, les biens du débiteur ;

Des frais funéraires, c'est-à-dire des frais nécessaires pour l'inhumation décente, et conforme à ce qu'on lui doit, du débiteur ou d'un membre de sa famille vivant à sa charge ;

Des frais de dernière maladie (honoraires du médecin, notes du pharmacien, des gardes, etc.) ; salaire *des nourrices, gens de service, commis et ouvriers*, créances *des fournisseurs de subsistances* (boulanger, épicier, etc.) ; *des maîtres de pension* etc. ; le tout dans des limites fixées par la loi.

Tous ces privilèges, à part le premier, ont pour but d'empêcher un individu ou une famille connus pour peu solvables, de ne pas trouver crédit pour les dépenses les plus nécessaires.

II. — Dans le second groupe (privilèges spéciaux sur meubles) ceux :

Du créancier gagiste sur l'objet qui lui a été donné en gage, c'est-à-dire livré avec droit de le garder jusqu'à paiement d'une certaine dette ;

Du vendeur non payé, sur les meubles vendus par lui, même à terme ;

Du locateur, sur les meubles qui garnissent l'appartement, maison ou ferme loués et sur les récoltes de l'année ; ce mot de « garnir » montre qu'il ne s'agit pas des meubles incorporels ;

De l'aubergiste sur les effets du voyageur ;

Toujours dans des limites fixées par la loi.

III. — Dans le troisième groupe (privilèges spéciaux sur immeubles) ceux :

Du *vendeur non payé*, sur l'immeuble vendu ;

Des *prêteurs de deniers*, c'est-à-dire de ceux qui ont prêté de l'argent en vue de l'achat d'un immeuble, sur l'immeuble acheté avec leur argent ;

Des *architectes, entrepreneurs, maçons*, etc., sur la plus-value donnée au fonds par leur travail telle qu'elle résulte des procès-verbaux d'état des lieux dressés avant et après les travaux, etc.

Ces privilèges sur les immeubles donnent le droit de suite à la condition, en principe (encore une formule qui n'est exacte qu'en gros) d'être rendus publics dans les formes fixées par la loi, avant que ne soit rendue publique l'aliénation faite au tiers.

Ce ne sont guère que des hypothèques légales.

3.

ASSURANCES

Le contrat d'assurance est fait en vue d'événements qui, le jour où ils se produiraient, créeraient à l'une des parties, ou à sa famille, ou à des personnes auxquelles elle veut du bien. des besoins d'argent considérables ; par exemple : mort d'une personne dont le travail ou les revenus viagers font vivre les siens ou leur assurent plus de confort, arrivée d'un enfant à l'âge de s'établir, arrivée d'un travailleur à l'âge de la retraite ou du repos forcé, accidents, maladies ou infirmités. incendie, grêle détruisant les récoltes, maladie décimant les troupeaux, etc.

L'**Assurance** peut se définir le contrat synallagmatique dans lequel les deux engagements sont, pour *l'assuré*, celui de payer une certaine somme à des termes périodiques (*primes*) ou bien une certaine somme une fois pour toutes, et pour *l'assureur*, celui de payer à l'assuré, à sa famille ou à une personne déterminée, si tel événement dommageable ou telle cause de dépenses leur arrive, une somme fixée d'après un taux dès maintenant arrêté.

Les **événements les plus fréquemment prévus** par les contrats sont: *l'incendie, la mort du chef de famille, les accidents du travail*. Nous connaissons déjà un peu cette dernière assurance. Disons quelques mots des deux premières dont les règles peuvent d'ailleurs permettre de deviner celles des autres.

Assurance contre l'incendie.

On assure en général 1° son mobilier ; 2° sa maison, ou la responsabilité possible envers le locateur si on est locataire ; 3° le recours possible des voisins pour le cas où il serait prouvé que le feu qui de chez vous les a atteints vous est imputable.

Calcul de l'indemnité, au cas d'incendie. Les principes qui dominent la matière sont les deux suivants :

1° *L'assuré ne doit pas gagner à l'incendie.*

2° *Les déclarations faites au moment du contrat* et sur lesquelles ont été calculées les primes, *ne font pas foi* de la valeur des objets assurés.

C'est à l'assuré de prouver ou tout au moins de rendre probable la réalité du préjudice qu'il accuse.

D'où les conséquences suivantes :

1° — L'assureur (la plupart du temps c'est une *compagnie d'assurances*, parce que ce genre d'entreprise exige des capitaux énormes) ne tient aucun compte des sommes déclarées en trop, quoique ayant touché les primes sur elles :

Ainsi, qu'au moment du contrat on ait évalué à bon droit un mobilier 10.000 francs, s'il brûle 6 ans après, il ne sera plus censé valoir 10.000 (perdant de valeur chaque année par l'usage), et l'assureur déduira un certain tant p. 100 par année écoulée, à moins qu'on ne puisse prouver par l'attestation ou les livres de certains commerçants, ou par des preuves quelconques que, par exemple, on a racheté de temps en temps des meubles nouveaux, ou qu'on en a reçu d'une succession, pour une valeur égale à la moins-value causée par l'usage.

Ainsi encore, si l'assuré déclare pour 50.000 francs une maison qui semble n'en valoir que 30.000, l'assureur le laissera faire au moment du contrat et touchera les primes en conséquence, mais au cas d'incendie contestera la valeur déclarée et ne tablera que sur la valeur réelle.

Autrement, on s'exposerait à des incendies volontaires.

2° — Les compagnies ne veulent pas non plus qu'on gagne sur les primes versées chaque année en déclarant une valeur inférieure à la valeur réelle des choses assurées. Si on le fait, on s'expose à l'argumentation suivante de l'assureur :

« Vous avez assuré votre mobilier pour 5.000 francs. Or nous allons prouver qu'il en valait 10.000. Vous étiez donc votre propre assureur pour moitié, et par suite vous supportez aussi la perte pour moitié. Or le mobilier de la chambre qui a brûlé valait 2.000 francs. Nous n'en devons donc que 1.000. »

La conséquence pratique de ces remarques est que, le Droit concordant ici avec la morale, il ne faut déclarer ni trop ni trop peu.

Précautions bonnes à prendre. — On peut, en tout cas, tenir compte des observations suivantes :

1° — Un locataire est responsable envers son locateur de

plein droit, mais au contraire n'est responsable envers les autres locataires que s'ils prouvent que l'incendie a commencé chez lui, et envers les voisins que s'ils prouvent que l'incendie est dû à une faute ou négligence de lui ou des personnes dont il est responsable (enfants, domestiques, etc.). Or, cette dernière preuve est presque toujours impossible à faire, et un ménage qui n'a pas de domestique peut être sûr de ne jamais causer d'incendie par sa faute ; il ne faudra donc jamais se laisser imposer par un assureur une prime par trop forte pour « recours des voisins » ; en ce qui concerne le recours du propriétaire ou « risque locatif », il faut se rappeler que la responsabilité, en principe, se partage entre les locataires proportionnellement à la valeur locative de leurs locaux.

2° — Dans les maisons, les fondations ont quelquefois peu de chances d'être atteintes : on peut donc, en ce cas, si l'assureur y consent, les exclure de l'assurance ;

3° — Certains objets disparaissent difficilement dans un incendie, et, même déformés, conservent une valeur, l'argenterie par exemple. Avec eux on est sûr, en général, de n'avoir qu'une perte partielle et on peut davantage se dispenser de les assurer. En tout cas on est sûr que l'assureur déduira du préjudice la valeur des lingots retrouvés.

De même il est des objets dont la valeur est discutable, et que l'assureur, s'ils sont sauvés, aura tendance à coter trop haut, et à coter trop bas s'ils ont péri. Ainsi des tableaux de maîtres, des dentelles de prix, des bijoux de famille d'une valeur difficile à apprécier.

Il est meilleur d'assurer ces deux genres d'objets, pour une somme à part.

(Fin de la 6° leçon)[1].

---

1. **Questions** : Des sûretés personnelles. — Des sûretés réelles. — Gage. — Antichrèse. — Hypothèque. — Privilège. — Quels droits spéciaux donne l'hypothèque ? — Quels sont les biens susceptibles d'hypothèque ? — Des diverses espèces d'hypothèques. — Des différentes classes de privilèges. — Citer les principaux privilèges généraux. — spéciaux sur meubles. — spéciaux sur immeubles. — Qu'est-ce que l'assurance ? — Quelles sont les plus usuelles ? — Principes en matière de calcul de l'indemnité.

SEPTIÈME LEÇON.

Assurance sur la vie.

Elle offre des combinaisons très diverses. Les plus usuelles sont les suivantes :

A. **Assurance mixte**. — L'assuré promet de verser une somme annuelle de ... pendant par exemple 20 ans. S'il meurt avant la 20ᵉ année, l'assureur versera un capital de ... aux personnes désignées pour bénéficier de l'assurance, femme et enfants d'ordinaire (sous le régime de la communauté, le capital est commun, et le conjoint en a la moitié de plein droit) ; si l'assuré survit aux 20 ans, c'est lui qui touche. De sorte qu'en aucun cas le capital n'est perdu. Il est clair qu'avec cette combinaison, l'assureur verse, dans le cas de mort, moins que s'il n'avait rien à verser dans le cas de survie ; mais on n'aime pas avoir versé des primes pendant si longtemps, pour n'en rien recueillir ensuite. C'est l'assurance dite *mixte* parce qu'elle est assurance à la fois en cas de mort et en cas de vie.

B. **Assurance sur la tête d'autrui**. — L'assurance, quoique les primes soient promises par le père de famille, est mise « sur la tête » d'un enfant, c'est-à-dire que c'est la vie ou la mort de ce dernier que l'on prendra en considération. La combinaison est avantageuse en un sens, parce que l'enfant ayant à partir d'un certain âge plus de chance de vivre quinze ou vingt ans qu'un homme déjà mûr, la prime annuelle est moins forte; et puis, en assurant l'enfant de très bonne heure pour quinze ou vingt ans, on se trouve avoir droit au capital précisément au moment où il faudra songer à l'établir.

C. **Assurance à prime unique**. — Au lieu de primes annuelles, on verse une somme d'un seul bloc. C'est ce qu'on fait souvent si, une année, on a un gain exceptionnel, par exemple si on a touché une petite succession.

Assurances mutuelles. — Les assurances laissent toujours un beau bénéfice à l'assureur lorsqu'il a beaucoup d'assurés, parce que, sur un grand nombre de personnes, il y a toujours en moyenne presque le même tant p. 100 de décès chaque année, pour les personnes d'un certain âge. Aussi les compagnies d'assurance peuvent établir à coup sûr des tarifs rémunérateurs pour elles-même, en s'entendant.

On a donc eu l'idée toute naturelle de monter des assurances mutuelles, c'est-à-dire des sociétés n'assurant que leurs propres membres et répartissant entre eux les bénéfices produits par les tarifs ordinaires. Ces assurances sont souvent faites entre individus s'assurant tous la même année pour le même temps, si bien que les survivants profitent des primes de ceux qui n'ont pas pu aller jusqu'au bout (*tontine*). C'est une assurance en cas de vie. On court alors le risque d'être parmi ceux qui meurent après avoir payé pendant dix ou quinze ans par exemple, et par suite d'avoir payé pour rien. Aussi, souvent, on fait à côté une « contre-assurance » pour le cas où on mourrait avant la fin de l'assurance.

Les sociétés d'assurances ne peuvent se mettre en marche qu'avec de gros capitaux, car le malheur pourrait leur amener plusieurs morts imprévues avant que les primes payées ne forment une somme suffisante. Aussi les sociétés mutuelles sont-elles obligées souvent de se faire faire par des capitalistes des avances considérables en échange d'une part dans les bénéfices ; et quelquefois cette part est telle que la société n'a de mutuel que le nom. Il faut y faire attention dans la pratique et lire attentivement les statuts.

DÉLITS ET QUASI-DÉLITS

(La responsabilité d'après les articles 1382 et suiv. du Code civil).

Condition de la responsabilité civile. — Pour être responsable du dommage causé par son fait, il faut être responsable moralement. N'ont donc aucune indemnité à payer pour les préjudices causés par eux, les enfants en trop bas âge pour

avoir la responsabilité morale de leurs actes et les fous
(L'homme ivre est responsable parce que c'est par sa faute
qu'il s'est rendu inconscient de ses actes). Il y a là une question de degré d'intelligence laissée à l'appréciation des tribunaux.

Deux espèces de responsabilité. — On est toujours responsable, quoi qu'on fasse. de son fait à soi, et on peut l'être
du fait d'un certain nombre de personnes. On est aussi responsable en raison de la possession qu'on a de certains
biens, mais on peut écarter cette responsabilité en abandon-
nant ces biens. La première de ces deux responsabilités est
dite *personnelle*, la seconde *réelle*.

Responsabilité personnelle du fait d'autrui. — On est responsable des délits et quasi-délits des personnes dont on a
la surveillance ou qui agissent pour vous.
Sont responsables :
Le *père*. et à son défaut la *mère*, pour les actes de leur
enfant mineur, même émancipé (car ses délits ou quasi-
délits prouvent qu'on a eu tort de lui donner trop tôt son
indépendance) ; toutefois, la responsabilité se déplace si
l'enfant est confié à d'autres, comme interne, apprenti ou
domestique ;
Le *tuteur*, pour certains délits (ruraux, forestiers, de
pêche et de chasse), de son pupille ;
L'*instituteur public*. pour les actes commis par ses élèves
aux moments où, soit à l'école. soit à l'entrée, ou à la sortie,
ils sont sous sa surveillance ; il faut toutefois qu'il y ait eu
quelque faute de sa part (les parents de la victime peuvent
d'ailleurs agir contre l'Etat sans avoir à prouver cette faute);
L'*instituteur privé*, pour ces mêmes actes, mais sans qu'on
ait à prouver sa faute (cette différence entre les deux instituteurs peut à la rigueur s'expliquer par ce fait que l'instituteur privé accepte qui il veut, l'autre non) ;
L'*artisan*, pour les actes de son apprenti ;
Le *maître* ou *commettant*, pour ceux de ses domestiques
et employés agissant dans l'exercice de leurs fonctions (il ne
s'agit que du maître ou commettant, car on n'est pas res-

ponsable des faits des ouvriers qui viennent travailler chez vous et pour vous, sans être vos ouvriers).

Sont également responsables :

Les *communes*, des dommages causés par des attroupements séditieux sur leur territoire ; pourtant, comme cette règle est fondée sur ce qu'elles auraient dû empêcher ces attroupements, elles cessent d'être responsables : 1° si elles prouvent que leur municipalité a fait tout ce qu'elle pouvait faire pour empêcher ces troubles et en connaître les auteurs ; 2° si ce n'est pas elle qui a, sur le territoire de la commune, la disposition de la police locale et de la force armée ; 3° s'il s'agit de faits de guerre.

L'*aubergiste* ou *hôtelier*, pour les délits de droit pénal des voyageurs qu'il a eus chez lui plus de vingt-quatre heures sans avoir inscrit sur son registre leurs nom, profession et domicile ;

Le *garde champêtre*, pour les dommages causés aux champs, s'il n'a pas fait son rapport dans les vingt-quatre heures.

Responsabilité réelle. — On est responsable des dommages causés par :

Les *choses* qu'on a sous sa garde, par exemple : les animaux domestiques qui vous sont confiés ; ceux dont on se sert comme usufruitier, fermier, emprunteur, etc. (il y a des règles spéciales pour les volailles et pigeons, et le propriétaire du fonds où ils commettent des dégâts a le droit de les tuer à la condition de les laisser sur place);

Les *animaux sauvages* habitant sur votre propriété quand les dommages viennent de ce qu'on les a laissés exprès pulluler, par exemple en vue de la chasse, ou qu'on refuse de les laisser détruire ;

Les *bâtiments* qui s'écroulent par suite de mauvais entretien ou de vice de construction.

EXTINCTION DES OBLIGATIONS

(Notions très sommaires).

Les causes les plus usuelles sont *le paiement, la dation en paiement, la compensation, la remise de dette, la prescription*, auxquelles il faut ajouter, quoique jouant plus rarement : *la novation, l'impossibilité d'exécuter*, etc.

I. Paiement. — C'est la cause d'extinction normale ; on entend par ce mot dans la langue du Droit, non pas seulement le versement d'une somme due, mais l'exécution de l'obligation quelle qu'elle soit.

Le paiement peut toujours être fait par n'importe qui, à moins que la prestation due ne soit un fait du débiteur lui-même personnellement, pour lequel il ne puisse être remplacé sans le consentement du créancier (peinture d'un portrait, etc.).

Paiement pour autrui. — Celui qui paie pour autrui acquiert par là même contre le débiteur ainsi libéré une action en remboursement de ce qu'il a payé, jusqu'à concurrence de la somme pour laquelle le débiteur pouvait être poursuivi. Ainsi on ne peut se faire rembourser le paiement d'une obligation naturelle ; et d'autre part, si on a obtenu pour 100 francs quittance complète d'une dette de 150, on ne peut se faire rendre que 100 francs. (Si, au lieu de payer la dette, on avait acheté la créance, on aurait alors action pour la totalité du montant ; sauf au débiteur à exercer le retrait litigieux au cas où cette créance ferait l'objet d'un procès).

Subrogation. — Lorsque le tiers qui paie pour un débiteur n'est pas étranger à la dette, mais, tout au contraire, en est tenu avec ce débiteur (comme codébiteur solidaire) ou pour lui (comme caution, par exemple), et par conséquent ne peut être soupçonné d'avoir agi en vue de se procurer méchamment une action contre le débiteur, la loi lui accorde ce qu'on appelle la *subrogation légale*, c'est-à-dire qu'il acquiert le droit de se servir des droits du créancier payé

dans la mesure du remboursement auquel il a droit. C'est
ainsi que si, étant caution d'une dette de 10.000 francs
garantie par une hypothèque sur un bien du débiteur ou
d'un tiers, j'en obtiens quittance pour 9.000, j'aurai le droit
de me servir de l'hypothèque pour obtenir ces 9.000 francs

La même subrogation peut être *conventionnelle* et accordée soit par le débiteur pour lequel on paie, soit par le
créancier désintéressé.

Lieu du paiement. — Tout paiement en principe est *qué-
rable,* c'est-à-dire doit se faire au domicile actuel du débiteur

Les compagnies d'assurance ayant l'habitude, malgré leur
police, de faire toucher à domicile, la jurisprudence en
général donne raison à l'assuré qui a cru pouvoir attendre
la visite de l'employé de l'assurance, même si le sinistre s'est
produit pendant le retard de paiement qui en résulte.

Frais du paiement. — Ces frais, par exemple les 0 fr. 10
du timbre de quittance, sont à la charge du débiteur.

Paiement partiel. — Le créancier a en principe le droit de
refuser; cependant le tribunal, qui peut accorder au débiteur
malheureux un délai de grâce, peut aussi l'autoriser à des
acomptes successifs.

Offres réelles. — Si un créancier refuse un paiement,
celui qui le lui offre fait renouveler l'offre au domicile du
créancier par un notaire ou un huissier (offre réelle) et s'il
continue à refuser, l'objet est déposé en un endroit où le créancier pourra le prendre quand il voudra, par exemple chez
un de ses amis qui accepte le dépôt. S'il s'agit d'une somme
d'argent, le dépôt (appelé alors *consignation*) se fait à la
Caisse des dépôts et consignations de Paris, ou, en province,
à la Trésorerie générale, ou chez le Receveur particulier des
finances, après sommation pour prévenir le créancier des
lieu, jour et heure où on le fera.

La justice décide ensuite si le créancier avait ou non le
droit de refuser, et sinon, la consignation libère le débiteur
comme un paiement.

II. Dation en paiement. — C'est l'accomplissement d'une certaine prestation acceptée par le créancier aux lieu et place de celle qui était due. Ainsi la dation d'un cheval ou la confection d'un tableau en remplacement de la somme d'argent qu'on devait.

III. Compensation. — Elle suppose que le débiteur et le créancier deviennent créancier et débiteur respectifs pour une autre obligation ; de sorte qu'ils sont à la fois débiteur et créancier l'un de l'autre ; si les deux dettes sont des dettes de sommes d'argent ou de « genres » de même nature, c'est-à-dire de choses de même espèce fongibles entre elles (sacs de blé, etc.), alors les deux obligations s'éteignent l'une l'autre, c'est-à-dire que la plus faible s'éteint entièrement, et la plus forte ne subsiste que pour ce dont elle la dépassait. La compensation qui, dans ce cas, est *légale,* peut être *conventionnelle* lorsqu'il manque quelque chose pour qu'elle puisse s'opérer de plein droit, par exemple lorsque les deux dettes n'étaient pas exigibles en même temps.

IV. Remise de dette. — C'est la renonciation du créancier à tout ou partie de son droit. Elle n'exige aucune forme spéciale, même quand elle est faite par pure libéralité. Elle peut s'effectuer par simple remise du titre de créance ; c'est même cette intention de remettre la dette que la remise du titre fait présumer sans possibilité de preuve contraire lorsque ce titre, étant sous seing privé, est la seule preuve que le créancier possède de son droit.

V. Prescription. — Elle suppose le créancier ne faisant aucun acte de poursuite pendant un certain laps de temps ; elle consiste dans l'extinction de la créance par l'inaction du créancier pendant ce laps de temps. Il est en principe de trente ans, mais de dix pour certaines actions (action en nullité, etc.) ; de cinq pour d'autres (action du propriétaire pour ses loyers, du prêteur d'argent pour ses intérêts, des commis et employés payés au mois pour leurs salaires, etc.) ; de trois, de deux, (action des médecins, dentistes, sages-femmes, pharmaciens) ; d'un an (action d'un marchand contre un non-marchand pour fourniture de marchandises; des maîtres, pour prix de pension ou d'apprentissage, des domestiques pour leurs salaires, etc.); de six mois (action des maîtres et instituteurs pour leçons au mois, des hôteliers et traiteurs pour logement et nourriture, des ouvriers et gens de travail pour leurs journées, fournitures et salaires); de trois mois (pour les actions civiles en réparation des délits forestiers, de chasse, de presse); d'un mois (pour celles en réparation de délits ruraux et de pêche).

La prescription est *interrompue* par des faits de poursuite ou de reconnaissance, et alors pour s'opérer, elle a besoin de recommencer; elle est *suspendue* dans certains cas et au profit de certaines personnes (par exemple pour les mineurs et interdits, ou entre époux, sauf les petites prescriptions de cinq ans et au-dessous), et en ce cas reprend son cours lorsque la cause de suspension cesse.

PETITES PRESCRIPTIONS. — Les prescriptions de cinq ans et au-dessous laissent à celui qui se prétend créancier le droit de déférer le serment à son prétendu débiteur ou d'invoquer son aveu de dette; elles ne sont donc que des présomptions de paiement, tandis que les autres éteignent la dette (tout au moins comme dette civile; la loi permet au débiteur de se considérer comme restant débiteur d'une dette naturelle).

VI. **Novation.** — C'est le remplacement, effectué par accord des parties, soit du créancier ou du débiteur, soit de la prestation due, ou des conditions de paiement, etc.

VII. **Impossibilité d'exécuter.** — Elle libère le débiteur lorsque c'est une impossibilité absolue (c'est-à-dire qui empêcherait l'exécution aussi bien par d'autres), et qui n'est pas due à sa faute. Ainsi l'incendie de la maison qu'on devait livrer, s'il vient d'un cas fortuit ou de force majeure; ainsi encore la mise par la loi, hors du commerce, des objets du genre dû. Dans les contrats synallagmatiques cette libération d'une des parties, sauf au cas de louage, n'empêche pas l'autre de rester tenue de sa propre obligation; elle n'en devra pas moins le prix de la chose qui a péri, et qui est par conséquent à ses risques.

(Fin de la 7ᵉ leçon) [1].

1. **Questions** : Qu'est-ce que l'assurance mixte ? — l'assurance mutuelle ? — A quelle condition est-on responsable de ses délits ? — En quoi consiste la responsabilité personnelle ? — réelle ?

Quelles sont les causes les plus usuelles de l'extinction des dettes ? — Qu'est-ce que le paiement ? — la subrogation ? — les offres réelles ? — la dation en paiement ? — la compensation ? la remise de dette ? — la prescription ? — les petites prescriptions ?

Exercices pratiques : Lire des contrats d'assurance.

QUATRIÈME PARTIE

SUCCESSIONS, LEGS ET DONATIONS

Successions déférées par la loi. Successions *ab intestat*. Les différentes classes d'héritiers. Acceptation, renonciation, acceptation sous
bénéfice d'inventaire. Du partage. Du rapport à succession.

Disons tout de suite qu'on appelle couramment la personne morte le *de cujus*, des deux premiers mots de l'expression latine « de cujus successione agitur » c'est-à-dire la
personne de la succession de laquelle il s'agit.

Les deux espèces de successions. — On distingue la succession *ab intestat*, laissée par un intestat, personne morte
sans testament (le mot latin *ab* voulant dire : par) et d'autre
part la succession *testamentaire*.

La première est déférée par la loi, qui distingue « héritiers » et « successeurs irréguliers » ou « aux biens », les héritiers étant les descendants, ascendants et collatéraux jusqu'au
douzième degré ; parmi les successeurs irréguliers, nous ne
citerons que le conjoint, la « vocation », c'est-à-dire l'appel
des autres n'étant pas usuelle. Les uns et les autres sont d'ailleurs écartés par elle comme *indignes*, quand ils ont commis contre leur parent des actes particulièrement graves
qu'elle détermine.

La seconde se fait par legs, soit de la totalité de la fortune
(*legs universel*), soit d'une fraction arithmétique de cette
fortune, ou de sa partie mobilière, ou de sa partie immobilière, ou d'une fraction arithmétique d'une de ces parties
(legs à titre universel). Les autres legs sont dits à titre par-

ticulier et ceux qui les reçoivent ne sont assimilables de près ni de loin à des héritiers.

Ressemblances et différences entre les diverses espèces de successeurs. — Tous ont ceci de commun qu'ils deviennent de plein droit propriétaires, créanciers et débiteurs chacun dans la mesure de sa part. S'ils sont trois par exemple, égaux en droit, chacun aura de plein-droit la copropriété de chaque objet pour un tiers, et aura un tiers de chaque créance et de chaque dette.

Mais ils diffèrent à plusieurs points de vue :

1° Les héritiers sont ce qu'on appelle des *représentants de la personne du défunt ;* en d'autres termes, ils le remplacent dans toute sa situation juridique ; les autres ne font que recevoir de la loi ou de lui ses biens en totalité ou pour partie ; de là leur nom de *successeurs aux biens.*

2° Autre chose est avoir un droit et avoir le droit de s'en servir, ou l'avoir à l'égard des tiers. Sans doute les trois choses vont ensemble d'ordinaire, mais pas toujours, et ici elles ne le font pas. On appelle **saisine** le droit de se mettre en possession des biens, et de lancer les actions contre les tiers, et l'aptitude à être actionné par eux.

Cette saisine appartient de plein droit aux successeurs *ab intestat* héritiers, parce qu'ils « représentent la personne » et sont censés avoir la même personnalité ou situation juridique que le défunt ; mais les successeurs *ab intestat* irréguliers et les légataires ont besoin de demander la saisine. (Dans un cas, par exception, le légataire universel joue le rôle d'héritier et est saisi de plein droit).

3° Les héritiers, les successeurs irréguliers et (d'après une opinion) les légataires universels sont tenus « ultra vires [1] » c'est-à-dire au delà des forces ou biens actifs de la succession, sur leur propre fortune, à moins de n'accepter que **sous bénéfice d'inventaire** (cas auquel ils ne sont tenus des dettes héréditaires et des legs que sur les biens héréditaires); les légataires à titre universel au contraire (et il devrait en être de même des légataires universels), ne sont tenus que

1. Prononcez en faisant sonner l's final : virès.

« intra vires », dans les limites de l'actif qu'ils reçoivent, parce que le legs, étant essentiellement un cadeau, peut être rendu inexistant par les charges, mais ne peut se retourner contre le légataire.

SUCCESSION AB INTESTAT

Nous allons étudier :

I. *L'ordre dans lequel la loi appelle les héritiers et successeurs aux biens (Dévolution de la succession);*

II. *La manière dont se font les acceptations et renonciations;*

III. *Celle dont se calcule la masse partageable et dont se fait le partage.*

I. — Dévolution de la succession.

Elle se fait suivant des règles assez compliquées. Nous allons supposer d'abord qu'il n'y a que des héritiers légitimes; nous ajouterons ensuite le conjoint et les héritiers enfants naturels s'il y en a.

PREMIER CAS : **Il n'y a que des héritiers parents légitimes.**

Ce cas lui-même se subdivise en trois : A, B, C.

A. **Il y a des descendants légitimes**. -- Ils prennent tout. Aussi dit-on qu'ils constituent le premier ordre des héritiers.

Les plus proches excluent les plus éloignés sauf les descendants issus d'un descendant prédécédé, c'est-à-dire mort avant le *de cujus*. Ceux-là à eux tous le *représentent* et alors on peut dire que le partage se fait *par souches*.

Ainsi, un *de cujus* laissant un fils sans enfants, un autre fils avec enfants, et des arrière-petits-enfants issus d'un petit-fils prédécédé issu lui-même d'un fils prédécédé, tout se réglera comme s'il laissait trois enfants ; la part du fils mort ira à ses petits-enfants.

C'est la seule exception. Elle ne s'étend pas aux enfants du descendant indigne ou renonçant. De sorte que s'il y a un fils, un autre fils avec enfants, mais indigne, un troisième fils avec enfants, mais renonçant, le fils acceptant et non indigne a tout.

Entre descendants venant à la succession de leur chef, le partage se fait par tête. Ainsi le *de cujus* ne laissant que des petits-enfants, deux d'un fils indigne, trois d'un fils renonçant, la succession se partagera en cinq, car les petits-enfants viennent ici de leur chef, c'est-à-dire pour leur compte, puisque l'indignité et la renonciation ont supprimé les descendants du premier degré, et que tous ceux d'un même degré ont les mêmes droits.

L'enfant adoptif compte comme enfant légitime ; *a fortiori* le légitimé.

B. **Il n'y a pas de descendants légitimes, mais, il y a des frères et sœurs ou descendants de frères et sœurs prédécédés.** — Ils forment l'ordre des *collatéraux privilégiés* et excluent tous les autres parents, même les ascendants, sauf les père et mère qu'on appelle ascendants privilégiés.

Chacun des père et mère prend 1/4. Les collatéraux privilégiés ont donc à se partager 1/2, 3/4 ou le tout suivant qu'il y a père et mère, père ou mère, ni père ni mère.

S'ils sont tous du même lit, la répartition se fait entre eux comme entre descendants ; ainsi un frère vivant exclut les neveux et petits-neveux, sauf ceux qui viennent par représentation de parents prédécédés, il exclut donc les neveux issus de frères ou sœurs indignes ou renonçants. Entre lui et les neveux représentants de frères prédécédés le partage a lieu par souche. Entre collatéraux privilégiés tous de même degré, et venant de leur chef sans représentation il a lieu par tête.

Si les collatéraux privilégiés ne sont pas du même lit, il y a *fente*, c'est-à-dire partage en deux moitiés, une pour la ligne paternelle, une pour la ligne maternelle. Les germains prennent dans les deux. Il y a donc 1/2 pour les germains et consanguins, 1/2 pour les germains et utérins : chaque moitié se divise suivant les règles ci-dessus.

C. **Il ne vient personne ni de l'ordre des descendants, ni de celui des collatéraux privilégiés,** alors, quand bien même il y aurait des ascendants privilégiés, il y a fente, et pour

chacune des deux moitiés l'ordre des ascendants exclut celui
des collatéraux de la même ligne ; dans chaque ordre, le
plus proche exclut le plus éloigné, sans exception (il n'y a
plus de représentation) ; au cas d'égalité de degré, il y partage par tête. Ainsi la moitié dévolue à la ligne paternelle ira
au père ; à son défaut à ses père et mère ou au survivant ; à
leur défaut, à ses quatre grands-parents ou aux survivants
(il sera bien rare qu'ils existent tous quatre) ; à leur défaut,
aux collatéraux au troisième degré, les oncles, frères du
père ; à leur défaut au quatrième degré, les cousins et les
grands-oncles frères de grands-parents ; mais un cousin
exclura le petit-cousin né d'un cousin prédécédé, parce
qu'ici la loi n'admet pas la représentation.

Les règles seront les mêmes, bien entendu, pour la ligne
maternelle.

De sorte que si les père et mère existent tous deux, et
acceptent, la succession est pour eux tout entière (du moment
qu'il n'y a pas de collatéraux privilégiés)..

* Sinon, comme les deux moitiés créées par la fente sont
indépendantes l'une de l'autre, on pourra voir une fortune
aller, pour moitié seulement, par exemple, au père, alors que
l'autre moitié ira à quelque cousin ou arrière-cousin ou
parent éloigné par la mère.

Toutefois en pareil cas, lorsqu'un père ou une mère partage ainsi non avec des ascendants, mais avec des collatéraux
de l'autre ligne, on lui donne, en plus de sa moitié, 1/3 de
l'autre en usufruit.

Et lorsqu'il n'y a pas de parent venant à la succession
dans une ligne, la moitié dévolue à cette ligne va aux parents
de l'autre.

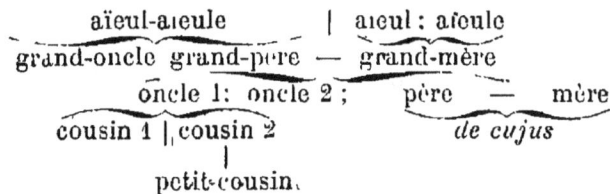

```
    aïeul-aieule        |   aieul : aïeule
  grand-oncle grand-père  —  grand-mère
       oncle 1: oncle 2 ;     père  —  mère
  cousin 1 | cousin 2          de cujus
            |
       petit-cousin
```

DEUXIÈME CAS : **En outre des héritiers il y a un conjoint.**
La situation se complique. Toutefois il ne peut jamais

être question pour le conjoint que d'usufruit ; il n'enlève rien à la nue propriété des parts déterminées par les règles précédentes.

S'il y a des enfants nés de son mariage avec le *de cujus*, il prend en usufruit 1/4. Les enfants auront donc à se partager 3/4 en pleine propriété, et 1/4 en nue propriété.

Si le *de cujus* a des enfants issus d'un précédent mariage, son nouveau conjoint ne peut prendre plus que celui d'entre eux qui, par suite d'avantages faits aux autres, prend le moins (part d'enfant le moins prenant).

S'il n'y a que des ascendants ou collatéraux, il prend 1/2. Même les frères et sœurs ont donc à lui constituer d'abord sa moitié avant de se partager le reste. (Mais cette moitié ne se prélève pas sur tous les biens. Il y a ici quelque complication).

En se cumulant avec le quart de chacun des père et mère, l'usufruit du conjoint arrive, on le voit, à ne laisser aux autres héritiers, même frères et sœurs, que la nue propriété d'une moitié.

Les héritiers peuvent, en tout cas, faire convertir son usufruit en rente viagère.

Succession à un enfant naturel ou à **un père ou mère naturel** (qui a reconnu, bien entendu). Elle présente des règles spéciales. — Disons seulement que l'enfant reconnu exclut les ascendants ordinaires et collatéraux ordinaires, concourt avec les père et mère et collatéraux privilégiés, et qu'avec les descendants légitimes, il prend la moitié de ce qu'il aurait pris si tous avaient été légitimes.

II. — Acceptation et renonciation.

La succession s'acquiert de plein droit pour tous les successeurs.

Acceptation. — Si donc ils veulent l'accepter, ils n'ont, en principe, qu'à ne pas la refuser, et à entrer ou se faire mettre en possession.

Renonciation. — Si pour un motif ou pour un autre, par exemple parce qu'ils savent qu'elle est mauvaise, ils n'en veulent pas, ils sont obligés de faire une renonciation expresse au greffe du tribunal. Ils ont d'ailleurs avant de se décider « trois mois pour faire inventaire, et quarante jours pour délibérer » et, jusque-là, personne ne peut les forcer à se prononcer.

En revanche, ils ne peuvent plus renoncer après avoir fait un acte d'acceptation, et la loi considère comme tel, non seulement par punition tout fait de recel de choses successorales, mais tout acte qui dépasse la simple administration provisoire nécessaire, et suppose, par là même, l'intention d'être héritier définitif : aliénation d'immeubles ou de meubles qui pouvaient attendre, réparations sans urgence, etc.

Acceptation sous bénéfice d'inventaire. — Au lieu de renoncer, on peut accepter *sous bénéfice d'inventaire;* c'est-à-dire avec le droit de ne payer les dettes successorales que sur les biens de la succession tels qu'ils ont été inventoriés par un notaire.

Séparation des patrimoines. — Les créanciers successoraux, pour éviter que les biens de leur débiteur décédé, étant acquis par l'héritier, ne deviennent par là même le gage de ses créanciers et qu'eux-mêmes ne trouvent plus à se faire payer, peuvent demander la « séparation des patrimoines » qui fait que les biens du débiteur défunt resteront le gage de ses seuls créanciers tant qu'ils ne seront pas payés ; en revanche ces créanciers n'auront pas le droit de concourir sur un bien de l'héritier avec ses créanciers personnels.

(Fin de la 8ᵉ leçon) [1].

1. **Questions** : Comment appelle-t-on dans la langue du droit la personne de la succession de laquelle il s'agit ? — Combien y a-t-il d'espèces de successions ? — Des diverses sortes de successeurs. — Exposer le système de dévolution de la succession quand il n'y a que des parents légitimes. — Part du conjoint. — Comment se fait l'acceptation d'une succession ? — la renonciation à succession ? — Qu'est-ce que le bénéfice d'inventaire ? — la séparation des patrimoines ?

Exercices pratiques : Prendre au hasard dans une généalogie une

NEUVIÈME LEÇON.

III. — Du partage. Du rapport à succession.

Rapport. — On entend par ce mot le fait, pour un donataire ou légataire qui se trouve être héritier du donateur ou testateur, de restituer à la succession ou de déduire de ce qu'il doit y prendre ce qu'il a reçu en don ou legs.

Le rapport est obligatoire pour tous les héritiers ou successeurs sur la demande des autres héritiers ou successeurs; s'il s'agit de legs, les créanciers successoraux ont un droit analogue puisqu'ils doivent passer avant les légataires.

Il se fait suivant les cas, en *nature* ou en *moins-prenant*, c'est-à-dire en déduisant les biens donnés de la part à laquelle on a droit.

Quelques donations y échappent comme faites d'ordinaire sur les revenus et n'ayant pas entamé le capital du *de cujus* (petits cadeaux d'usage, frais d'éducation, etc.), et le testateur a d'ailleurs le droit de déclarer pour tout legs ou donation que c'est un **préciput** (d'un mot latin qui veut dire ce qu'on prend avant, avant la part successorale).

Partage. — Une fois les rapports effectués, on met de côté les objets légués, et la somme nécessaire pour payer les legs en argent mis à la charge de la succession, et on procède au *partage*. Si les copartageants sont majeurs, ils le font comme ils veulent; mais s'il y a parmi eux des mineurs, ou s'ils ne s'entendent pas, il faut recourir au *partage judiciaire*.

Partage judiciaire. — Si les parts auxquelles il faut arriver sont inégales, ce qui est fréquent puisque les héritiers n'ont pas tous les mêmes droits, le tribunal réduit les fractions qui représentent ces parts à un commun dénominateur et on

personne, la supposer *de cujus*, supposer au hasard la survie de tel et tel parent et régler la succession.

4.

divise la succession en autant de lots qu'il y a d'unités dans ce nombre (on arrive facilement à des divisions en 20, 40, 60 parts et plus) sauf à donner plus ou moins de ces parts aux divers successeurs.

Tous ces lots doivent, dans la mesure du possible, contenir la même quantité des mêmes biens (on arrive ainsi à diviser des champs en parcelles bien petites). Si un bien est impartageable (une maison, par exemple, l'est rarement), on le vend aux enchères et on partage le prix entre les lots, puis on tire au sort.

Le partage, à l'amiable ou judiciaire, ne fait que déterminer quels biens chacun tiendra du *de cujus* définitivement. Aussi n'est-il pas considéré comme un mode d'acquisition. L'acquisition se fait par la succession, et le partage n'est que « déclaratif » des biens de chaque part. Cette règle est très importante à divers points de vue.

DES DONATIONS ET TESTAMENTS

(De la donation entre vifs. Du testament : ses diverses formes. Différentes espèces de legs. Quotité disponible et réserve).

Diverses espèces de donations. — Il existe deux espèces de donations : la *donation entre vifs*, celle qui constitue pour le donateur et le donataire, immédiatement, de leur vivant à tous deux, un dépouillement et enrichissement irrévocable pour le donateur ; et *la donation testamentaire* ou legs, qui ne produit aucun effet avant la mort du donateur et qu'il peut révoquer jusqu'au dernier instant de sa vie.

De la donation entre vifs.

Ses traits essentiels :

1° C'est un contrat. On le conteste quelquefois en faisant observer qu'on peut souvent, à soi tout seul, se dépouiller au profit d'une personne que l'on n'avertit même pas. Ainsi un usufruitier qui veut gratifier son nu propriétaire n'a pas besoin de son acceptation pour renoncer à l'usufruit, pas plus que l'un de deux cohéritiers n'a besoin de l'acceptation e l'autre pour renoncer à sa part, et cependant en ces deux cas nu propriétaire et cohéritier sont enrichis. Et l'on dit volontiers qu'il y a dans tous les cas de ce genre *donation indirecte*.

La vérité semble être que la loi, n'aimant pas les recherches psychologiques, ne qualifie les actes que d'après leur cause manifestée ou évidente ; or rien ne manifeste que l'auteur de cet acte de renonciation ait voulu faire une libéralité et non un abandon pur et simple. Il n'y a rien là qui soit légalement une « donation ».

2° Ce n'est pas n'importe quel contrat ayant pour but de procurer à l'une des parties un avantage.

Si l'avantage consiste dans l'extinction gratuite d'une dette, l'acte s'appelle **remise de dette** et non donation.

S'il consiste dans un fait (par exemple la construction d'une maison par un architecte qui, libéralement, ne se fait pas payer sa peine), ou une abstention, le contrat est purement et simplement une **prestation de service gratuit**.

S'il consiste dans la tradition d'une chose, à charge pour celui qui la reçoit de s'en servir seulement et de la rendre ensuite, il y a *prêt à usage*.

S'il consiste dans la constitution d'un gage ou d'une hypothèque, c'est encore un contrat spécial ayant ses règles propres (gage, constitution d'hypothèque).

Et tous ces actes sont soumis à des règles qui ne sont pas celles des donations.

Pour qu'il y ait donation, il faut que la prestation du donateur soit une dation ou promesse de dation, et par dation il faut entendre la cession d'une chose corporelle ou incorporelle (par exemple d'une créance), ou la constitution d'un droit réel principal (usufruit, usage, servitude), ou la renonciation à un tel droit, car elle équivaut à une constitution de droit au profit du nu propriétaire ou propriétaire.

Règles spéciales à la donation. — 1° Une **règle de forme**. à savoir que toute donation faite par acte direct doit prendre la forme notariée, avec état estimatif des objets donnés si ce sont des meubles. C'est cette règle qui fait dire que la donation est un contrat solennel, et c'est vrai lorsqu'elle se fait comme contrat de donation.

Seulement l'exigence de la loi concerne seulement, suivant les expressions du Code, les « actes portant donation ». Or, l'expression veut dire non pas actes d'où résultent des donations, mais « actes constatant, monumentant des donations ». Elle n'atteint donc pas :

D'abord les actes que la langue courante appelle donations, mais qui n'en sont pas pour la loi, par exemple des remises de dettes (voir plus haut, p. 67) ;

Puis le **don manuel**, remise d'une chose corporelle mobilière (livre, somme d'argent, titre au porteur, etc.), de la main à la main à titre de cadeau, c'est une donation, mais sans « acte » :

Puis les contrats, de vente ou autres, dans lesquels une donation se dissimule, ainsi la vente apparente avec prétendu paiement comptant d'un prix qui n'a jamais été ni versé, ni dû (**donation déguisée**), il n'y a pas « acte portant donation » ;

Enfin ceux qui, faits avec une personne à titre onéreux, ou en tout cas non à titre de donation, contiennent une clause opérant donation en faveur d'un tiers ; vente d'un domaine avec réserve d'un droit d'habitation sur tel ou tel local au profit par exemple de tel vieux serviteur, ou contrat d'assurance avec désignation d'une tierce personne comme bénéficiaire (*soi-disant* **donation indirecte**).

Ces diverses combinaisons sont parfaitement licites et n'ont pas besoin de l'acte notarié.

2° Des règles spéciales en ce qui concerne les *conditions sous lesquelles on peut donner;*

3° Des *cas où la donation est révocable* par jugement *ou même révoquee* de plein droit.

Institution contractuelle. — C'est la donation de tout ou partie des biens que le donateur laissera à sa mort. Elle ne l'empêche pas de continuer à disposer de sa fortune à titre onéreux, mais il ne peut plus faire de nouvelles donations qui nuisent à celle-là. L'institution contractuelle n'est permise qu'en faveur d'un mariage par le contrat de mariage.

Testament et legs.

Le **testament** est l'écrit par lequel une personne dit ce que doit devenir tout ou partie de sa fortune après sa mort et énonce les diverses volontés qui devront être alors exécutées. Il est toujours révocable.

Il peut se faire sous trois formes : *olographe, authentique, mystique.*

Le **testament olographe** doit être écrit tout entier de la main du testateur sans un mot d'une autre main, daté d'une façon complète (en lettres ou chiffres), et signé. S'il est fait sur papier libre, il n'en est pas moins valable, seulement la succession sera condamnée à l'amende (environ 70 francs).

Souvent le testateur dépose son testament chez un notaire ; ce dernier doit alors dès le décès du déposant porter le testament au tribunal, et du reste toute personne qui trouve le testament dans les papiers du testateur (juge de paix, héritier ou autre) doit le présenter au président du tribunal qui en ordonne le dépôt chez un notaire par lui désigné. Dans tous ces cas, il cesse d'être secret.

Le **testament authentique** doit être reçu par un notaire assisté d'un autre notaire ou de quatre témoins. Il est écrit sous la dictée même du testateur. Ne peuvent être témoins les légataires, parents, alliés et conjoints des légataires, et clercs des notaires qui reçoivent le testament.

Le **testament mystique** (mot qui veut dire *secret*). Il n'est pas usuel, étant soumis à des formalités compliquées.

Il y a des règles spéciales pour :

Le **testament militaire**, fait par des militaires ou marins ou personnes à la suite des armées, hors de France, ou bien en France au cas de mobilisation ou de siège, en particulier par des malades ou blessés ;

Le **testament fait au cours d'un voyage maritime** ;

Le **testament fait à l'étranger** (il peut être olographe, ou authentique devant consul ou agent diplomatique français, ou fait suivant les formes du pays)

Révocation du testament. — Un testament quelconque

peut toujours être révoqué soit par un acte notarié, soit par acte fait dans une des formes du testament. Il est révoqué tacitement dans toutes celles de ses dispositions qui sont incompatibles avec un acte postérieur, aliénation du bien légué, etc.

Legs. — Nous avons déjà dit ce que sont les *legs universel à titre universel, particulier.*

Le premier donne « vocation » à la totalité de la fortune. S'il y en a plusieurs, et que plusieurs légataires universels acceptent, il faut bien qu'ils partagent. Mais si tous refusent ou sont écartés sauf un, il prend tout.

Le legs à titre universel ne donne au contraire au maximum droit qu'à la part léguée, et si le légataire d'une part renonce, le légataire d'une autre part n'en profite pas. La part abandonnée est pour le légataire universel ou le successeur *ab intestat.*

L'un et l'autre imposent (au moins *intra vires*) une part des dettes correspondante à celle qu'on prend dans l'actif. Les legs particuliers au contraire, une fois les dettes successorales payées, sont eux-mêmes payés en entier, sans avoir à supporter ces dettes.

Exécuteur testamentaire. — C'est une personne désignée par le testateur pour assurer l'exécution de son testament. Le testateur peut lui donner la saisine (sans elle le rôle de l'exécuteur est peu de chose) ; et alors il a le droit de prendre possession des meubles, de détruire par exemple les papiers que le testateur l'aurait chargé de faire disparaître, de faire apposer les scellés s'il y a des mineurs, de faire dresser inventaire en tout cas, de payer tous les legs mobiliers, de vendre des meubles s'il le faut pour se procurer l'argent nécessaire, et de défendre en justice la validité du testament, s'il y a lieu.

L'exécuteur testamentaire nommé sans saisine n'a d'autre droit que la surveillance de l'exécution du testament par les héritiers et la défense en justice de la validité de ce testament si elle est attaquée.

Restrictions à la liberté des donations.

Incapacité. — Elle est en principe celle du droit commun ; mais a aussi des règles spéciales. Ainsi la femme mariée et le prodigue peuvent tester sans autorisation ; le mineur, à partir de seize ans, peut disposer par testament de la moitié de ce dont il pourrait disposer s'il était majeur, etc.

Il existe aussi des incapacités de recevoir, ou tout au moins d'accepter par soi-même. Mais ce n'est pas de droit usuel. Disons seulement que des donations à un mineur en tutelle peuvent être acceptées par les ascendants malgré le rôle donné d'ordinaire au tuteur, et que les **legs** faits **aux pauvres d'une commune** ne peuvent être acceptés que par le maire, et gérés que par le bureau de bienfaisance.

Enfin certaines personnes capables en principe sont incapables de se donner de l'une à l'autre ; ainsi le mineur à son tuteur jusqu'à vérification des comptes, les parents naturels à leurs enfants dans de certaines limites, le malade au médecin qui l'a soigné dans sa dernière maladie, etc.

Réserve et quotité disponible. — La donation n'est pas toujours absolument libre même entre capables :

Certains **héritiers** dits **réservataires** ont droit à n'être pas entièrement dépouillés, non par des aliénations à titre onéreux (elles sont toujours libres), mais par des donations ou legs. Autrement ils ont droit à les faire « réduire » (*action en réduction*) en commençant par les legs et continuant par les donations dans leur ordre chronologique, les plus récentes d'abord.

Ces héritiers sont : *les descendants légitimes, les enfants naturels reconnus et leurs descendants légitimes, les ascendants.*

La réserve s'oppose à la « quotité disponible » qui est tout le reste. Donc trois quarts si la réserve est d'un quart.

La réserve est de moitié, des deux tiers ou des trois quarts quand il y a des descendants légitimes, selon qu'ils sont un, deux, ou trois et davantage.

Celle des enfants naturels est une certaine quotité, variable suivant les cas, de celle qu'ils auraient eue comme légitimes

Celle des ascendants légitimes est d'un quart de la succession pour chaque ligne, donc de moitié, s'il y a des ascendants dans les deux lignes, quels qu'ils soient.

Les règles de calcul deviennent très compliquées lorsqu'il y a concours de ces différentes réserves.

(Fin de la 9ᵉ leçon)[1].

1. **Questions** : Qu'est-ce que le rapport à succession ? — une donation par préciput ? — Comment se fait le partage judiciaire ?

Des diverses espèces de la donation. — Traits essentiels de la donation entre vifs. — Règles de formes spéciales a la donation. A quelles donations s'appliquent-elles ?

Qu'est-ce que le testament ? — olographe ? — authentique ? — Comment on le révoque. — Qu'est-ce qu'un legs universel ? — a titre universel ? — particulier ? — un exécuteur testamentaire ?

Incapacités et capacités spéciales à la donation. — Qu'est-ce que la réserve ? — la quotité disponible ?

CINQUIÈME PARTIE

COMMENT ON DÉFEND SES DROITS

(Idée générale d'un procès)

Il y a lieu de distinguer : *A. procès civil (ou commercial)*; *B. procès pénal* ; *C. contentieux administratif.*

A. — PROCÈS CIVIL

Il faut sous-distinguer suivant que l'affaire doit être portée devant le tribunal d'arrondissement (ou le tribunal de commerce) ou devant le juge de paix.

I. — Procès devant le tribunal.

Il doit en principe être précédé du *préliminaire de conciliation.*

Préliminaire de conciliation. — Le défendeur est convoqué devant le juge de paix par citation d'huissier. La comparution doit avoir lieu trois jours francs après. c'est-à-dire en laissant passer trois jours entiers entre le jour de la citation et celui de la comparution, en d'autres termes le cinquième jour. Les deux parties doivent se présenter en personne ou par mandataire muni d'une procuration spéciale, sous peine d'être condamnées à une amende de 10 francs par le tribunal avec refus d'audience jusqu'à paiement.

Si toutes deux comparaissent, trois résultats sont possibles.

a. *Il y a conciliation ;* le greffier en dresse acte et tout est terminé ;

b. *L'une des parties défère le serment à l'autre,* c'est-à-dire propose de s'en rapporter à ce que l'autre affirmera par serment ; si cette autre accepte et jure, le tribunal devra lui donner gain de cause. Si elle refuse, il verra, quand le procès aura lieu, ce qu'il doit en déduire ;

c. *Le désaccord continue ;* le greffier en dresse acte ainsi que des aveux et déclarations qui peuvent avoir été faits devant le juge de paix.

Quand on doit plaider contre le domaine de l'État, un département ou une commune, ce préliminaire est remplacé par un mémoire explicatif avec moyens, c'est-à-dire arguments et documents à l'appui qu'on adresse au préfet du département dans lequel l'affaire doit être jugée.

Sont dispensées du préliminaire : les causes dans lesquelles une des parties est incapable de transiger sans autorisation (un mineur non émancipé par exemple), un certain nombre de causes dans lesquelles la loi défend la transaction ou croit la conciliation trop peu probable, d'autres enfin pour lesquelles la célérité est nécessaire ou préférable, affaires commerciales, demandes en paiement de loyers ou d'arrérages de pensions ou rentes, etc.

Ajournement et instance. — La conciliation ayant échoué, si le demandeur veut entamer le procès, il adresse à son adversaire par un huissier un ajournement contenant constitution d'avoué, indication de l'objet du procès, indication du tribunal saisi et du délai de comparution, etc.

Le défendeur doit alors constituer avoué à son tour, et cet avoué doit comparaître dans un délai déterminé (en principe huit jours francs). Lorsqu'il l'a fait, la cause est « mise au rôle », c'est-à-dire inscrite par le greffier sur la liste des affaires à juger.

Puis l'avoué du défendeur réplique à l'exploit d'ajournement par des « conclusions », suivies, s'il y a lieu, de répliques réciproques et autres défenses ; et, conformément

à des règles inutiles à exposer ici, l'affaire finit par venir à
l'audience ; il y a alors souvent des « incidents » : audition de
témoins ou d'experts, décision de descente sur les lieux (c'est-à-
dire d'examen de l'affaire sur place), etc. ; d'ordinaire aussi il
y a plaidoiries d'avocats, puis en tout cas communication du
dossier par les avoués au ministère public, exposé par lui de
son avis, délibération des juges, sans quitter leurs sièges, à
voix basse, ou quelquefois, quand l'affaire est peu compliquée, par signes, ou au contraire suspension de l'audience
pour qu'ils puissent aller délibérer en chambre du conseil,
ou même décision par eux de faire faire un rapport par un
d'entre eux, etc. ; enfin prononcé du jugement par le président.

Jugement. — En outre de la solution du litige et des condamnations possibles à des dommages-intérêts, restitutions
de fruits, etc., il contient la condamnation aux « dépens »,
c'est-à-dire aux frais qu'on a été forcé de faire pour le procès : honoraires d'huissiers, d'avoués, etc. (pas des avocats
parce qu'ils ne sont pas obligatoires), droits de timbre et
autres perçus sur les actes, taxe des témoins, etc. ; ils sont
en principe mis à la charge de la partie qui succombe, mais
peuvent aussi être répartis par le tribunal de diverses façons.

Le greffier prend acte du jugement, président et greffier
signent ; le greffier en délivre une expédition avec formule
exécutoire au nom du peuple français ; il y a signification
par huissier, liquidation des dépens et restitutions diverses
entre les avoués, enfin exécution par la saisie dont la forme
et le nom varient suivant la nature des biens à saisir, *saisie
immobilière* pour les immeubles ; *saisie-arrêt* sur les créances
du débiteur ; etc.

Appel. — S'il y a appel, en principe il est « **suspensif** »,
c'est-à-dire qu'on doit surseoir à l'exécution. Il se fait, en
principe, par assignation contenant constitution d'un avoué
près la cour.

Opposition. — Si le défendeur a fait *défaut*, c'est-à-dire
n'a pas constitué d'avoué, ou n'a pas fait déposer de conclu-

sions dans les délais voulus, le jugement est prononcé tout
de même ; seulement le défaillant condamné peut dans un
délai fixé former « opposition » ; elle se fait différemment
suivant les cas. Elle est *suspensive*. L'affaire est portée de
nouveau à l'audience, et le jugement, cette fois, ne sera plus
susceptible d'une nouvelle opposition.

Procédure sommaire. — Pour certaines affaires, en raison
soit de leur simplicité (demandes personnelles mobilières avec
titre non contesté, par exemple), soit de leur modicité (n'engageant pas un intérêt de plus de 1 500 francs en capital ou
60 francs de revenu, etc.), soit de leur urgence (demandes
en paiement de loyers, en mainlevée d'opposition au mariage, etc.), la procédure est allégée de certaines formalités
et rendue ainsi moins coûteuse ; mais il faut toujours, même
avec elles, commencer par le préliminaire de conciliation et
l'ajournement avec constitution d'avoué.

Référé. — Dans certains cas, en particulier au cas de grande
urgence, on peut se pourvoir *en référé* devant le président
du tribunal (ou quelquefois un juge-commissaire), à moins
que l'affaire ne soit de la compétence du juge de paix, des
prudhommes ou du tribunal de commerce, ils peuvent en
effet juger aussi vite. En principe, il y a assignation à comparaître à l'audience des référés qui se tient aux jour et heure
indiqués par le tribunal, avec débats oraux, mais s'il y a
urgence extrême, on peut obtenir du président assignation
même chez lui et à huis clos, et même absence d'assignation
et de débats.

Procédure commerciale. — Devant les tribunaux de commerce la procédure est très allégée puisqu'il n'y a ni préliminaire de conciliation, ni constitution d'avoué, ni ministère
public, et des délais de comparution plus brefs, un jour franc.
ou même ajournement d'heure à heure au cas d'urgence.

II. — Procès en justice de paix.

Devant la justice de paix la citation en conciliation est
remplacée par un simple billet d'avis soumis depuis 1871 au

timbre, mais ne coûtant en dehors que 0 fr. 30 pour le greffier, et envoyé par la poste sans bande.

La non-comparution n'entraîne aucune amende.

S'il y a conciliation, le juge de paix n'en dresse procès-verbal que sur demande.

La comparution des parties peut être volontaire.

L'ajournement est remplacé par une citation à un jour franc (plus, toujours, un délai pour distances) et peut même être abrégé sur ordonnance du juge. (Il y a au moins deux audiences par semaine, sans vacances, et par suite l'attente n'est jamais longue.)

On peut se faire représenter par un avocat ou, avec procuration expresse par écrit, par n'importe quel mandataire, à moins que le juge n'ordonne la comparution personnelle.

Les deux parties sont entendues contradictoirement.

Le jugement peut être remis à l'audience suivante.

La procédure est aussi allégée pour le cas de défaut.

Pétitoire et Possessoire. — A propos de cette procédure de la justice de paix, rappelons que le juge est compétent, non pour le *pétitoire*, mais pour le *possessoire*. C'est là une des matières les plus pratiques, et qui donnent lieu au plus grand nombre de procès à la campagne. Il faut la connaître un peu.

On appelle *possesseur* l'individu qui jouit d'une chose non comme usufruitier, locataire, etc. (celui-là, par là même, reconnaît que la chose est à autrui et s'appelle simple détenteur) mais comme propriétaire, quand bien même il ne le serait pas.

Cette possession, par elle-même, quand elle dure seulement depuis quelques mois, ne permet pas en principe d'agir contre l'individu qui s'empare de la chose ; il est possesseur au même titre que vous. Toutefois, pour ne pas encourager les actes de désordre, quand ce tiers vous dépossède de force, par exemple quand il enlève vos fagots ou vos charrettes d'une place ou d'un hangar où vous les aviez mis sans violence, vous avez le droit d'intenter l'action en **réintégrande** pour vous faire *réintégrer* dans la possession, sauf à lui à prouver ensuite son bon droit en justice.

Mais quand on peut établir qu'à une certaine époque on a possédé en maître pendant un an, et qu'on a eu par conséquent la **possession annale**, alors ce n'est pas seulement contre les dépossessions violentes qu'on est armé ; on a la **complainte** contre toutes ; et le juge de paix vous fera remettre en possession sans même rechercher si vous êtes le vrai propriétaire, cela ne le regarde pas. Votre adversaire ne peut triompher devant lui que par un moyen : en prouvant que, depuis l'époque où vous étiez devenu possesseur annal, vous avez cessé de faire acte de maître, et que lui-même à son tour a conquis ce titre contre vous.

La partie qui perd au possessoire a pour ressource le *pétitoire* devant le tribunal de première instance ; mais alors pour triompher il lui faut prouver non plus simplement qu'elle était possesseur, mais qu'elle était *propriétaire*, ce qui peut être plus difficile faute de titres.

La conséquence pratique de ces remarques est que si on s'aperçoit de quelque usurpation commise par un voisin, il vaut mieux ne pas attendre, afin de rester au possessoire.

B. — PROCÈS PÉNAL

Quand on a été victime d'un délit pénal, on a toujours le droit, comme tout le monde. d'adresser une dénonciation au parquet, mais, lorsque ce délit vous a causé préjudice et se trouve être à la fois délit pénal et, à votre égard, délit civil, on peut :

I. Si c'est un délit proprement dit ou une contravention (voir Compétence), citer directement le prévenu devant le tribunal de police correctionnelle ou de simple police pour obtenir réparation du préjudice en se portant comme on dit « **partie civile** ». Le tribunal se trouve alors saisi en même temps de la question pénale. Le ministère public seul pourra requérir la peine ; mais, même s'il se prononce pour le « renvoi » pur et simple du prévenu, le tribunal pourra condamner à la fois à une peine et à des dommages-intérêts.

II. Au cas encore de délit ou si c'est un crime, porter plainte et se constituer *partie civile* devant le juge d'instruction.

Si l'action publique est lancée. c'est-à-dire si le prévenu est mis en jugement, les juges pourront en le condamnant à la peine, le condamner en même temps à des dommages-intérêts.

La victime de l'infraction a d'ailleurs toujours le droit d'agir seulement devant les tribunaux civils, sans demander ou provoquer la condamnation pénale ; seulement, une fois qu'elle a choisi un des deux procédés, elle ne peut pas revenir à l'autre.

C. — CONTENTIEUX ADMINISTRATIF

I. **Devant le Conseil d'Etat** on doit en général se faire représenter par un avocat à la Cour de cassation et au Conseil d'Etat, et alors il n'est pas nécessaire de connaître la procédure à suivre.

Mais le ministère de ces officiers n'est pas obligatoire pour certaines causes : recours pour excès de pouvoir, recours en cassation, recours en matière électorale, en matière de pensions, de contributions directes ou de taxes assimilées.

L'introduction de l'affaire se fait non plus par ajournement de la partie adverse, mais par requête au juge.

Il y a alors au Conseil d'Etat rapport par un maître des requêtes ou auditeur ; communication au ministère public ; finalement l'affaire est jugée, en séance publique ou non suivant qu'il y a ou non constitution d'avocat.

Devant les conseils de préfecture l'affaire est introduite par une requête du même genre contenant nom, profession et · domicile du demandeur, nom et demeure du défendeur, objet de la demande, énonciation des pièces jointes, requête accompagnée de copies (non soumises au timbre) des pièces jointes à la requête, copies qui sont destinées à être notifiées au défendeur. Cette requête est enregistrée au greffe. Rapport est fait par un membre du Conseil ; le Conseil, l'ayant entendu, ordonne la notification de la requête au défendeur, qui doit déposer au greffe ses répliques dans les mêmes formes que la requête. Le Conseil ordonne que les pièces soient communiquées aux parties au greffe ; il ordonne de même les enquêtes et autres mesures qu'il juge utile pour l'éclairer ; il y a de nouveau rapport, qui est transmis au commissaire du Gouvernement, enfin mise au rôle qui est affiché à la porte de la salle d'audience et jugement.

(Fin de la 10ᵉ leçon) [1].

1. **Questions** : Par quoi commence en général un procès civil ? — S'il n'y a pas conciliation, que fait le demandeur ? — Comment réplique le défendeur ? — A qui incombent les frais du procès ? — Comment se fait l'appel et quel effet il produit. — Mêmes questions pour l'opposition. — N'existe-t-il pas des procédures plus simples ? — Simplification pour la procédure commerciale — pour la procédure en justice de paix — Qu'est-ce que la détention ? — la possession ? — la possession annale ? — Dans quel cas la simple possession peut-elle donner lieu à action ? — Qu'est-ce que la complainte ? — Qu'est-ce que le pétitoire ? — Qui est compétent pour le possessoire ? — pour le pétitoire ?

Qu'est-ce que se porter partie civile à un procès pénal ?

. Comment s'engage la procédure devant le Conseil d'Etat, devant le Conseil de préfecture ?

Exercices pratiques pour les écoliers habitant la campagne : imaginer des cas d'action au possessoire.

SIXIÈME PARTIE

DROIT COMMERCIAL

(Actes de commerce. Livres de commerce. Les effets de commerce : lettre de change, billet à ordre, chèque. Notions très sommaires sur les sociétés commerciales, la faillite et la liquidation judiciaire.)

———————

Le **Droit commercial** est un ensemble de règles spéciales aux personnes que la loi appelle les *commerçants* et aux actes qu'elle appelle *actes de commerce*.

Exemples de règles spéciales aux commerçants.

1º Les « commerçants » sont tenus à des obligations spéciales, en particulier à la tenue de *livres spéciaux* pour toutes les opérations qui touchent à leur commerce, et à la *publication de leur contrat de mariage* et de certains faits qui peuvent, en touchant à leur régime matrimonial, modifier leur crédit (jugement de séparation de biens ou de corps ou de divorce) ;

2º Ils sont parmi les contribuables de l'*impôt des patentes* ;

3º Quand ils ne peuvent faire face à leurs affaires et payer leurs dettes, ils sont soumis à un régime spécial (*faillite* ou *liquidation judiciaire*), alors que pour le non-commerçant en pareil cas il y a *déconfiture*, ce qui est autre chose ;

4º Ils sont *membres du corps électoral* qui nomme les juges du tribunal de commerce ;

5º Leurs actes *sont présumés faits pour leur commerce*, sauf évidence ou preuve contraire, et tous leurs actes faits

5.

pour le commerce *sont commerciaux*, même s'ils sont civils par nature.

Exemples de règles spéciales aux actes de commerce.

1° Compétence des tribunaux de commerce pour les procès nés d'un acte qui est commercial à l'égard du défendeur ;

2° Règles particulières en ce qui concerne la preuve des actes en général : admission de la preuve par témoins sans limitation, tandis que quelquefois à l'inverse, le droit commercial, plus difficile que le droit commun, exige la rédaction d'un écrit même pour un intérêt de moins de 150 francs ; force probante donnée aux livres en faveur du commerçant qui les tient, alors qu'en droit commun on ne peut jamais invoquer comme preuve écrite ce qu'on a écrit soi-même ;

3° Particularités nombreuses en ce qui concerne les effets de la vente, du gage, du contrat de transport, des sociétés et, pour certains actes existant en droit commun, formes spéciales qui en font des actes spéciaux : commission, effets de commerce, opérations de banque, opérations de bourse.

Commerçants.

Ce sont les personnes qui, n'étant pas déclarées par la loi incapables de faire le commerce, font des actes de commerce d'une façon sinon exclusive du moins habituelle, de telle façon qu'ils sont pour elles une source notable de revenus. Ainsi une femme qui une heure ou deux par jour va vendre aux soldats sur le champ d'exercice du café chaud sera difficilement considérée comme commerçante. A l'inverse l'employé de chemin de fer profitant de ses voyages pour accomplir des opérations de commerce de façon à en tirer des bénéfices notables pourra être considéré comme commerçant.

Incapables. — Sont incapables d'être commerçants :

La femme mariée,

Le mineur.

Ils peuvent seulement être relevés de cette incapacité.

La *femme* l'est par l'autorisation de son mari. Cette autorisation peut être tacite et résulter par exemple de ce que la femme tient boutique au vu et su de son mari. Elle devient alors capable de faire sans autorisation tous les actes nécessaires à son commerce (même des aliénations d'immeubles), sauf d'ester en justice. Nous avons déjà vu dans quels cas la justice pouvait autoriser au défaut du mari.

Le *mineur* peut aussi, une fois émancipé et âgé de dix-huit ans, être autorisé par son père, au défaut du père, par la mère, au défaut de l'un et de l'autre par le conseil de famille avec homologation du tribunal. Il devient alors capable pour tout ce qu'exige son commerce, sauf pour aliéner ses immeubles.

Actes de commerce.

On ne peut les définir, mais seulement les énumérer, en rappelant une fois de plus que le langage de la loi s'écarte souvent de la langue courante.

Les actes qualifiés actes de commerce par elle peuvent se diviser en deux grandes classes elles-mêmes subdivisées :

A. — ACTES DE COMMERCE PAR LEUR NATURE

I. **Certains achats, ventes, louages,** etc. — 1° Les *achats de denrées et marchandises pour ·les revendre plus cher* (sous la même forme ou transformées, peu importe) ou *pour en louer l'usage*. Nous disons :

De denrées et marchandises; donc : des achats de terrains pour les dépecer et revendre en lots ne sont pas des actes de commerce, et les « marchands de biens » de la langue courante ne sont pas des commerçants, les immeubles n'étant pas des denrées et marchandises.

Pour les revendre ; si on achète par exemple plusieurs pièces de vin pour soi, et qu'ensuite on se décide à en vendre, on n'a pas fait acte de commerce.

Plus cher; donc une société charitable qui achète pour revendre au prix coûtant, ou une société coopérative d'achat, qui partage ses bénéfices entre ses membres, et par conséquent n'achète pas pour spéculer, ne font pas des actes de commerce.

Ou pour en louer l'usage ; cela ne demande aucune explication.

Comme exemple : achat de chaises pour louer dans un jardin public.

On peut même ajouter :

Autrement qu'à titre d'accessoires, car le vigneron, par exemple, qui achète des tonneaux pour vendre son vin, même en les facturant à part et plus cher, ne fait pas acte de commerce ; de même l'ouvrière en chambre qui achète des fournitures, les incorpore dans son ouvrage et les facture plus cher qu'elles ne lui coûtent.

2° Les *locations pour sous-louer*, par exemple des locations de chaises pour les sous-louer en vue de quelque fête publique.

3° Les *reventes* de ces mêmes denrées et marchandises, quand bien même on n'arriverait pas à les revendre avec bénéfice comme on y comptait, et les *locations*.

Mais ne sont pas actes de commerce, les reventes de choses achetées d'abord pour soi (c'est une question de présomption de volonté qui dépendra beaucoup de la situation du vendeur) et *a fortiori* les ventes de ce qu'on a produit soi-même ou fait produire à ses biens et non acheté, ainsi : pour un ouvrier, la vente des meubles ou autres ouvrages faits par lui ; pour une ouvrière en chapeaux, celle des chapeaux faits par elle ; pour un cultivateur, celle de ses moissons ; etc.

II. **Certaines entreprises** énumérées par la loi (on n'a pas le droit d'y ajouter).

On entend par **entreprise** le fait de s'outiller et monter en locaux, personnel d'employés, instruments de travail, réclame, etc., de façon à ce qu'une partie notable des profits que l'on espère doive venir de cet outillage et non de son propre travail à soi, car, tant qu'on se contente de gagner avec son travail, il n'y a pas entreprise.

Ce qui est acte de commerce, c'est le fait de s'outiller ainsi, avant même que l'entreprise n'ait commencé à fonctionner et à donner des résultats. Les locations, engagements d'employés, etc., que l'on fait pour se monter sont déjà actes de commerce.

Les entreprises actes de commerce sont celles de :

Manufacture, c'est-à-dire transformation d'un produit (servant de matière première) en un produit plus complexe ou plus raffiné et que l'on suppose devoir être de plus grande valeur ; il en est ainsi de même avec des produits non corporels, comme l'électricité que l'on reçoit et transforme en lumière, ou la houille dont l'on fait du gaz d'éclairage ;

Commission, il ne s'agit pas ici de ce que l'on appelle commission couramment, c'est-à-dire l'acceptation du soin de faire quelque chose pour autrui ; la commission en droit est le contrat par lequel une personne (commissionnaire) accepte de faire des ventes ou achats pour une autre (commettant) mais en son nom à elle ; à la différence de ce qui se passe avec le mandat, dans lequel le mandataire traite au nom du mandant, les droits actifs et passifs envers les tiers naissent sur la tête du commissionnaire à charge de transmission des bénéfices au commettant ; ce dernier de son côté s'engage à mettre le commissionnaire en mesure d'exécuter ses marchés, et à lui laisser prélever un certain bénéfice sur eux. Les commissionnaires s'outillent quelquefois puissamment en personnel et locaux (certains même ont des hangars ou dépôts quelconques pour emmagasiner les marchandises à vendre et font des avances aux industriels commettants), ils deviennent alors entrepreneurs de commission ;

Transport, par terre ou par eau. Le « commissionnaire » dans le sens que la langue courante donne à ce mot dans les campagnes, c'est-à-dire un cultivateur qui de temps en temps va à la ville avec cheval et voiture pour transporter et rapporter des « commissions », est un simple transporteur, et ses actes de transport ne sont pas des actes de commerce, car ce qu'il fait payer, c'est avant tout sa peine ; mais le jour où il prend des employés pour l'aider et achète exprès des chevaux et voitures, il devient entrepreneur, et fait acte de commerce ;

Fournitures ; c'est l'entreprise qui consiste à se mettre et tenir au courant des endroits où on peut trouver telles ou telles marchandises à bon compte pour pouvoir les procurer à quiconque en demandera et notamment prendre part aux adjudications que font les administrations publiques pour les fournitures dont elles ont besoin ;

Agences et bureaux d'affaires ;

Établissements de vente à l'encan (c'est la vente d'objets mobiliers aux enchères publiques) ;

Entreprises de spectacles publics ;

Entreprises de constructions.

III. Les opérations de change manuel ou tiré.

Le *change manuel* est l'échange de monnaies ou de titres représentant de la monnaie, billets de banque par exemple Il est acte de commerce même lorsqu'il n'y a pas bénéfice visé.

Le *change tiré* consiste en ce qu'une personne donnant à une autre en une certaine place (c'est-à-dire localité) une certaine somme d'argent en nature ou en une valeur, cette seconde personne s'engage à faire avoir la même somme à date donnée en une autre place.

On peut d'ailleurs s'engager à faire payer cette somme par un débiteur que l'on a dans la place indiquée.

Et de même on peut s'engager soit envers la personne qui traite avec vous, soit envers celles qu'elle se substituera.

L'opération s'effectue en fait par la lettre de change, que nous verrons plus loin.

IV. Les opérations de banque, opérations qui ont pour objet le commerce de l'argent et des titres de crédit qui représentent du numéraire ; ainsi :

1° Les *dépôts de numéraire* à une banque, qui en revanche sert des intérêts plus ou moins élevés suivant que ces dépôts sont remboursables à échéance plus ou moins lointaine. Le retrait se fait souvent par chèques. Deux déposants qui ont la même banque peuvent se faire des paiements l'un à l'autre par de simples *virements* qu'elle effectue, en inscrivant au compte de l'un des sommes déduites du compte de l'autre ;

2° Les *comptes courants.* Le plus souvent il se conclut entre le déposant et la banque un contrat, souvent tacite, de « compte courant ». La particularité de ce compte c'est qu'il est entendu que les dettes et créances réciproques (remises d'argent à la banque par ou pour son client ; paiements faits par elle pour lui) se compenseront au fur et à mesure de leur production ; de sorte qu'il n'y a jamais qu'un des deux « correspondants » qui est débiteur, c'est celui qui a le plus reçu, et il n'y a jamais qu'une dette, celle de la différence, et elle produit intérêts de plein droit. Le règlement se fait alors de temps en temps à époques déterminées ;

3° Les *dépôts de valeurs* ou objets précieux que la banque accepte de garder moyennant un droit ; ou bien les locations de coffres à la garde de la banque et dont les localaires seuls ont des clefs ;

4° Les *prêts* sur gage, et en particulier *sur titres ;*

5° L'*escompte* des effets de commerce ;

6° Les *émissions* d'actions et d'obligations.

La Banque de France peut seule émettre (ce sont les billets de banque) des billets au porteur et à vue.

V. Les **opérations de courtage** ; elles consistent à aboucher ensemble les individus en mesure de s'entendre pour des achats de marchandises, des armements de vaisseaux, des assurances, etc. Dans certaines places commerciales importantes où il y a des bourses de commerce, ou dans de grands ports de commerce, ce métier de courtier est des plus importants.

L'agent de change n'est pas un courtier, car au lieu de mettre en présence vendeurs et acheteurs, il reçoit des titres à vendre, de l'argent pour acheter, et c'est lui qui opère à la Bourse pour le compte des clients sans donner à l'acheteur le nom du vendeur et réciproquement ; c'est un commissionnaire.

VI. Les **lettres de change**, et toute signature qu'on y donne, fût-on non-commerçant et pour cause non commerciale, par exemple pour payer une dette civile ;

VII. Les **opérations du commerce maritime** (ventes et achats d'agrès, affrètements, etc.).

B. — ACTES COMMERCIAUX PAR LA QUALITÉ DE LEUR AUTEUR

Ce sont tous les actes, même naturellement civils, faits par un commerçant pour son commerce : achat de hangars, assurance de ses locaux de dépôt ou de vente, contrats avec un entrepreneur pour construction ou réparations, etc. Prennent la nature commerciale même les obligations résultant pour lui de quasi-contrats, délits ou quasi-délits se rattachant à son commerce (par exemple, obligation de payer indemnité à une personne blessée par ses employés dans l'exercice de leurs fonctions d'employés).

La présomption est en général que l'acte du commerçant est fait pour son commerce. Toutefois elle peut être renversée par la preuve contraire, et souvent l'évidence s'en charge (achat par exemple d'un vêtement par un commerçant dont le commerce n'a rien à voir avec l'habillement).

Un acte peut être commercial pour une personne et civil pour une autre. C'est ce qui arrive à tous ces achats incessants que des non-commerçants font à des commerçants.

La principale particularité de l'acte de commerce est que, s'il donne lieu à procès, et que ce soit du côté du défendeur qu'il soit commercial, l'affaire doit aller au tribunal de commerce ou être jugée commercialement, c'est-à-dire sans avoué, sur toutes les preuves que le tribunal admettra. Il y a donc une importance considérable à voir s'il a ce caractère.

(Fin de la 11e leçon) [1].

DOUZIÈME LEÇON

Livres de commerce.

Il y en a trois d'obligatoires :

1° Le **livre-journal** qui relate jour par jour toutes les opé-

---

[1]. **Questions** : Qu'est-ce que le Droit commercial ? — Exemples de matières dans lesquelles il existe des règles spéciales pour les commerçants — pour les actes de commerce.

Quels sont les commerçants ?

Quels sont les actes commerciaux par nature ? Quels achats sont commerciaux ? — quels louages ? — quelles ventes ? etc. — quelles entreprises ? — Qu'est-ce qu'une entreprise ? — Qu'est-ce que la commission ? — l'entreprise de commission ? — le change ? — manuel ? — tiré ? — les opérations de banque ? — le courtage ? — Quand un acte civil devient-il commercial en raison de la qualité de son auteur ?

rations de nature pécuniaire opérées par le commerçant, par exemple les prises d'argent dans la caisse pour les dépenses du ménage, et l'indication du montant de ces dépenses mois par mois ;

2° Le **livre de copie-lettres,** où il reproduit les lettres qu'il envoie (celles qu'il reçoit doivent être conservées par lui dès qu'elles intéressent son commerce et mises en liasses) ;

3° Le **livre des inventaires** sur lequel il doit copier chaque année l'inventaire de son actif et passif.

En fait le commerçant tient, sans y être forcé, des livres auxiliaires :

Le *grand-livre,* où chaque verso d'une page et recto de la page suivante, se faisant face, sont consacrés au compte de chaque client et donnent l'un son « doit », l'autre son « avoir » ;

Le *livre brouillard,* où on inscrit les opérations à mesure qu'elles se produisent, pour les recopier avec soin au livre-journal ;

Le *livre de caisse* spécial aux entrées et sorties de numéraire ;

Le *livre des traites et des billets,* qui relate les billets à payer et à recevoir.

Les livres obligatoires doivent être tenus sans blancs, lacunes ou transports en marge. En fait avec le système de la reproduction mécanique par la presse à copier, il y a des blancs, chaque lettre reproduite ayant sa page, mais ces blancs sont difficilement suspects.

Les livres, doivent être d'avance cotés, parafés et visés par un juge du tribunal de commerce ou par le maire ou l'adjoint délégué ; le livre-journal et celui des inventaires doivent même être parafés et visés une fois par an.

On doit les conserver dix ans.

Par dérogation au droit commun, ces livres peuvent, quand ils sont bien tenus, faire foi pour celui qui les tient.

Représentation et communication des livres. — Ils peuvent, bien entendu, être invoqués contre celui qui les tient, et l'adversaire peut obtenir que le tribunal en ordonne la *représentation,* cas auquel le commerçant n'est obligé de montrer que les pages concernant les dates auxquelles on prétend devoir y trouver quelque chose contre lui.

La *communication* du livre entier, dangereuse puisqu'elle livre tous les secrets du commerçant à un juge qui peut être un concurrent, ne peut être ordonnée que dans quatre cas, dont celui de faillite.

Lorsque ces livres sont dans une localité éloignée du siège du tribunal, il peut donner commission « rogatoire » à un juge d'un autre tribunal de commerce plus proche, ou au juge de paix du canton, de les examiner à sa place et de lui faire un rapport.

Ajoutons que, mal tenus, ils exposent le commerçant qui fait faillite à être accusé de faute grave et à être déclaré banqueroutier.

Effets de commerce.

Les effets de commerce sont des titres généralement à ordre ou au porteur et constatant des engagements de paiements en argent, d'ordinaire à court terme.

Leur nom est trompeur puisqu'il porte à croire que ces titres ne sont qu'à l'usage du commerce. Ce qui est vrai, c'est seulement qu'ils ont été inventés par la pratique commerciale et sont employés surtout par elle.

Ce sont : la *lettre de change*, le *billet à ordre* avec son espèce particulière le *billet à domicile*, le *billet au porteur* avec son espèce particulière le *billet de banque*, le *chèque*.

Et de ces effets proprement dits on peut rapprocher des titres utilisés eux aussi surtout par le commerce et qui constatent et rendent endossables ou transmissibles par tradition d'un seul papier des marchandises matérielles : le warrant, etc.

Lettre de change.

C'est l'ordre donné par un créancier à son débiteur sous forme de lettre, pour telle échéance, de payer non pas à lui, mais à telle personne ou à son ordre, en raison de la fourniture d'une valeur égale qu'on lui a faite. Par exemple :

Paris, le 3 mai 19..   B. P. F. 200.

Au 1ᵉʳ juin prochain, il vous plaira payer à C.. ou à son ordre la somme de 200 francs valeur reçue en marchandises.

Signé : A...

à B.., Bordeaux.

A... est *tireur*, B... *tiré*. C... preneur ou bénéficiaire.

Au lieu d'une date fixe, l'échéance peut être : « dans tant de jours », « dans un mois », « à vue » (c'est-à-dire à première présentation, n'importe quand), « à tant de jours de vue », c'est-à-dire tant de jours après la présentation, etc.

On peut aussi s'indiquer soi-même comme preneur : « Payez à mon ordre ».

Souvent enfin la lettre portera dès le début l'acceptation du tiré.

Escompte. — Si les noms du tireur et du tiré inspirent confiance, une banque consentira à en être bénéficiaire en l'escomptant, c'est-à-dire qu'elle en paiera immédiatement le montant, déduction faite d'une certaine somme représentant : 1° l'*escompte* proprement dit, c'est-à-dire la perte que lui cause le fait de verser tout de suite une somme qu'elle ne pourra recouvrer que dans un certain temps et qu'elle aurait en attendant fait fructifier ; 2° une commission, les frais de poste et autres que peut lui imposer le recouvrement au loin surtout dans une place de peu d'importance au point de vue commercial.

Effets de complaisance. — Quelquefois le tireur n'est pas créancier du tiré et obtient de lui qu'il accepte, en lui promettant de lui envoyer une « provision » c'est-à-dire la somme nécessaire au paiement avant l'échéance. La mention « Valeur reçue en .... » est donc fausse, et l'engagement du tiré se trouve sans cause, mais il est valable à l'égard des tiers. On appelle ces traites *effets de complaisance*. Elles sont un moyen de se procurer provisoirement de l'argent que l'on compte regagner plus tard ; mais trop souvent ces espérances ne se réalisent pas, et s'il y a faillite, le fait d'avoir émis de telles traites est considéré comme une faute grave qui peut entraîner la banqueroute.

Endossement. — La lettre une fois émise circulera comme une monnaie. On paiera des dettes avec elle : A paiera B, qui paiera C, et ainsi de suite ; de sorte que jusqu'à son échéance elle éteindra ainsi des dettes pour une somme quelquefois très considérable sans aucun déplacement de numéraire.

La cession se fait par endossement, c'est-à-dire par inscription au dos de la lettre d'une formule du genre de celle-ci :

Paris, le..... . Payez à l'ordre d'un tel (ou : Passé à l'ordre d'un tel), valeur reçue en.....

Signature.

L'endossement peut d'ailleurs être fait dans l'intention que l'endossataire soit simplement en mesure de toucher et rendre. Il n'est alors qu'un mandataire à l'effet de recevoir.

On peut aussi endosser *en blanc*, c'est-à-dire simplement signer. Un porteur ultérieur pourra remplir en mettant la formule avec son nom à lui, ou le nom d'un sous-acquéreur.

Acceptation .— Le preneur, et, s'il ne le fait pas, un porteur quelconque peut, jusqu'à l'échéance, présenter la lettre à l'*acceptation* du tiré pour savoir s'il reconnaît ou accepte l'obligation de payer. Si oui, celui-ci écrit, « accepté », ou toute autre formule ayant le même sens, et signe. Si non, le porteur doit faire constater ce refus par un huissier (**protêt faute d'acceptation**). Alors, à moins qu'un tiers n'accepte à sa place (*par intervention*), le porteur a le droit de recourir contre son endosseur ou l'un quelconque des endosseurs précédents pour se faire payer ou donner caution (la caution écrit sur la lettre ou par acte séparé : « bon pour aval » ou toute autre mention analogue).

Responsabilité des signataires. — Les signatures ainsi données sur une lettre par tireur, endosseurs, aval ou

accepteur par intervention les rendent solidairement responsables du paiement.

Présentation à l'échéance. — Le porteur de la lettre au
jour de l'échéance (ou bien, si elle est à vue, celui qui en est
porteur le dernier jour du troisième mois à partir de sa date
au plus tard) doit la présenter au paiement ce jour-là sans
attendre. Toutefois si ce jour se trouve être férié (et il peut
être suivi lui-même d'un autre jour férié) on attend au premier jour ouvrable qui suit ; si c'est un vendredi de fête
légale, on attend au lundi ; si c'est un lundi veille de fête
légale, on attend au mercredi.

S'il n'est pas payé, le porteur doit (à moins que la lettre ne
porte la clause : « **retour sans frais** » ou qu'un tiers ne paye
pour le tiré) faire dresser dès le lendemain ou le premier
jour ouvrable qui suit l'échéance, par un huissier ou notaire,
un *protêt faute de paiement*, et le faire notifier aux responsables.

Recours du porteur non payé. — Il peut alors recourir
contre l'un quelconque des responsables pour le principal
de la dette et la totalité de ses frais, ou bien, s'il est pressé
d'avoir l'argent de la lettre, tirer contre un des signataires
une lettre de change (appelée *retraite*) ayant pour montant
une somme calculée de façon à ce qu'elle lui soit escomptée
pour la somme à laquelle il a droit.

S'il a été négligent et par exemple n'a pas fait faire le
protêt dès le lendemain, à moins de clause contraire dans la
lettre, il perd tout recours contre les signataires, même
contre le tireur si ce dernier avait réellement une « provision », c'est-à-dire une somme à toucher chez le tiré.

Billet à ordre.

C'est un billet qui, à la différence de la lettre de change,
émane de celui qui doit payer et par lequel le souscripteur
s'engage, en échange d'une valeur reçue, à payer une
certaine somme soit à tel bénéficiaire ou à son ordre, soit

à tel bénéficiaire personnellement, à telle date ou à vue. Par exemple :

Paris, le 3 mai 19 .   B. P. F. 200.

Le 1ᵉʳ juin prochain je paierai à l'ordre de A, la somme de deux cents francs, valeur comptant.

                                                             B. .

Il est soumis au régime de la lettre de change en ce qui concerne les endossements et les recours du porteur impayé

Mais il n'est pas forcément commercial comme elle ; il ne l'est pas, souscrit par un non-commerçant pour dette non commerciale, et doit alors, conformément au droit commun, porter le « Bon pour... » que nous avons vu.

Chèque.

Il ressemble à la lettre de change en ce qu'il consiste dans un ordre donné par un créancier à un débiteur de payer à un tiers, ordre signé par le tireur. Mais il diffère d'elle à plusieurs points de vue.

Différences avec la lettre de change. — 1° Il n'a pas la forme d'une lettre ; 2° la date doit être de la main du tireur et en toutes lettres, sous peine pour le tireur, le bénéficiaire, le porteur, et le tiré qui paie, d'une amende de 6 p. 100 avec minimum de cent francs ; 3° il ne peut être qu'à vue ; 4° il peut être payable non seulement à personne déterminée ou à son ordre, mais à personne sans clause à ordre (cas auquel le chèque ne peut se transmettre que conformément au droit commun des cessions de créances (ou avec endossement en blanc, ou au porteur ; 5° il n'est pas besoin de l'indication de la valeur fournie (ni du Bon pour... comme avec le billet à ordre non commercial). Les endosseurs sont ici encore garants solidaires comme le porteur.

Usage du chèque. — Presque toujours il est tiré sur un banquier chez lequel le tireur a un dépôt, et n'est en rien spécial aux commerçants. Dans certains pays, en Angleterre en particulier, on paie ainsi ses fournisseurs, et ils transmettent tous ces chèques à leurs propres banquiers pour qu'ils les touchent chez les banquiers tirés. Il suit de là que les banquiers de Londres en particulier sont créanciers les uns des autres pour des sommes considérables et qu'il s'opère entre eux des compensations qui évitent des déplacements d'argent.

En France on a moins l'habitude de faire toucher ses créances par une banque pour qu'elle en garde le montant en dépôt, et par là-même l'usage du chèque est beaucoup moins répandu.

Chèque barré. — Ce chèque, très usité en Angleterre et qui s'introduit chez nous, est un chèque portant deux barres transversales, d'ordinaire à peu près dans le sens d'une des diagonales, et entre lesquelles le plus souvent est inscrit le nom d'une banque. Cette particularité veut dire que le chèque ne pourra être touché que par une banque, et au second cas, par la banque désignée.

Chambres de compensation. — A Londres, et dans d'autres grandes villes, New-York, etc., existent des « Clearing houses » (maisons de liquidation); ce sont des établissements où se réunissent chaque jour les commis des principales banques. Chacun d'eux voit avec le commis de chacune des autres banques ce que sa banque doit à l'autre et inversement, et quelle est la différence; cette différence, à Londres, est payée en un mandat sur la Banque d'Angleterre, qui, par là-même, peut établir encore une foule de compensations entre banques débitrices et créancières les unes des autres; de sorte que des 200 milliards de francs circulent sans qu'il y ait presque de déplacement de monnaie.

Droits fiscaux.

Les lettres de change et billets à ordre sont frappés d'un droit de timbre, actuellement de 5 centimes par 100 francs.

En outre, s'il y a lieu à protêt, comme il doit être enregistré,

il faut faire enregistrer avec lui la lettre ou. le billet non
payés, et le droit est de 50 centimes par 100 francs.

Le chèque est soumis au droit fixe de timbre, de 10 centimes pour les chèques sur place et de 0 fr. 20 pour chèques
sur autre place.

Billet de banque. — C'est en réalité l'engagement écrit
pris par la banque de payer la valeur nominale du billet à
quiconque le lui présentera. C'est donc un billet de crédit au
porteur et à vue. En France, sur le territoire continental du
moins, de tels billets ne peuvent être émis que par la Banque
de France qui paie à l'État ce privilège. Et grâce à son crédit,
ils ont autant de valeur que la monnaie métallique. Ils ont
cours légal c'est-à-dire qu'ils doivent être acceptés en paiement au même titre que la monnaie. On leur a quelquefois
donné **cours forcé**, c'est-à-dire que la Banque avait le droit de
ne pas les rembourser.

Warrant. — Le titre qu'on appelle warrant tout court (il y
a aussi les warrants agricoles. qui sont des attestations de
mise en gage de produits agricoles), suppose des **magasins
généraux**, c'est-à-dire des entreprises, autorisées par l'administration. possédant de vastes locaux où elles reçoivent les
marchandises qu'on leur amène en dépôt. Elles délivrent pour
chaque livraison un récépissé à ordre, auquel est annexé un
warrant ou bulletin de gage également à ordre. Les magasins
rendent les marchandises à l'individu porteur des deux
titres et à lui seul. Par suite si le déposant trouve à céder ses
marchandises, il endosse les deux titres à l'acquéreur, et ce
dernier au lieu de se faire rendre le dépôt, peut endosser à
son tour à un acheteur qui pourra de même endosser; de
sorte que, tant que les marchandises sont aux magasins, la
propriété en est transformée en valeur endossable. Si le porteur du récépissé, ne trouvant pas à vendre, veut du moins
emprunter en les donnant en gage, il endosse le warrant par
une formule du genre de celle-ci : « Bon pour transfert du
présent warrant à l'ordre de M... demeurant à... pour garantie de la somme de... payable le... » puis signature et date
Dès lors, le récépissé étant seul, la possession n'en suffira pas

pour se faire rendre les marchandises; il faudra rembourser le prêteur d'argent qui est porteur du warrant ou ses endossataires si on les connaît; sinon, on consignera aux mains de l'administration des magasins le montant de la somme garantie augmentée des intérêts jusqu'à l'échéance, et alors on pourra reprendre les marchandises. Pendant ce temps, jusqu'à l'échéance, le porteur du warrant peut, de son côté, endosser à un endossataire qui endossera aussi, etc.

À l'échéance le porteur du warrant, s'il n'est pas remboursé, fera faire un protêt et, huit jours après, vendre. De sorte que le droit de gage sur les marchandises ou sur la somme déposée pour les remplacer aura été converti lui aussi en valeur endossable.

Des opérations analogues peuvent se faire :

Avec la **lettre de voiture** expédiée d'avance au destinataire des marchandises et qui peut lui aussi remettre sa lettre à titre définitif ou à titre de constitution de gage;

Avec les **récépissés** que délivrent les entrepreneurs de transport et les chemins de fer;

Et surtout avec les **connaissements** qui sont les récépissés dans les transports maritimes

On voit que ces différents effets ou titres jouent des rôles économiques différents mais connexes.

Les vrais effets de commerce jouent le rôle de monnaie en matérialisant en eux avec des garanties sérieuses des engagements de paiements. et permettent d'arriver sans aucun déplacement de numéraire à des liquidations considérables ; les autres matérialisent en leur feuille de papier des marchandises quelquefois encombrantes et d'un transport difficile et les font circuler d'acquéreur en acquéreur ou de gagiste en gagiste avec une simplicité remarquable.

La lettre de change jouit en outre de ce privilège d'être un instrument puissant de crédit, puisqu'elle permet d'obtenir immédiatement de l'argent sur créance à terme.

(Fin de la douzième leçon) [1].

1. **Questions** : Quels sont les livres de commerce obligatoires ? — Comment doivent-ils être tenus ? et contre et pour qui peuvent-ils faire preuve ?

Quels sont les effets de commerce ? — Qu'est-ce que la lettre de change ?

TREIZIÈME LEÇON

SOCIÉTÉS COMMERCIALES

Société. — C'est une espèce dans le genre association. C'est l'association dans laquelle les contractants mettent quelque chose en commun en vue de réaliser des bénéfices et de se les partager.

Société commerciale. — Lorsque le moyen qu'elles ont en vue pour réaliser ces bénéfices est le commerce, elles sont commerciales, et elles se contractent alors sous des formes et avec des ensembles de clauses inventées par la pratique exprès pour elles.

Ces formes et régimes étant adoptés par des fondateurs de sociétés civiles, la loi, en 1893, a rendu commerciales celles de ces sociétés qui prendraient la forme de sociétés anonymes ou en commandite par action.

De sorte que les sociétés sont commerciales maintenant soit de par la nature juridique de leur entreprise, soit de par la forme qu'elles se sont donnée.

Formes commerciales de la société. — Les formes considérées par la loi comme plus particulièrement commerciales sont celles des sociétés dites : *en nom collectif, anonyme, en commandite simple ou par actions, en participation, à capital variable*

Ces sociétés présentent les traits caractéristiques suivants:

— l'escompte d'une lettre ? — un effet de complaisance ? — l'endossement translatif ? — l'endossement en blanc ? — un protêt faute d'acceptation ? — un aval ? — Quelle est la responsabilité de chaque signataire ? — Quels sont les effets du non-paiement ? Qu'est-ce que la retraite ? — le billet a ordre ? — le chèque ? — le chèque barré ? — le clearing house ? — Quels sont les droits fiscaux sur les effets de commerce ? — Qu'est-ce qu'un billet de banque ? — un warrant ? Quels sont les avantages du warrant ? Quel est le rôle économique de ces différents effets ?

I. — Société en nom collectif.

1° Les associés ont tous part à l'administration des choses sociales dans les limites fixées par les statuts sociaux et en revanche sont tous responsables des dettes *personnellement*, c'est-à-dire non pas seulement sur ce qu'ils ont mis en commun, mais sur toute leur fortune, et *solidairement* (Voir plus haut).

2° La société peut avoir ce qu'on appelle une « **raison sociale** » c'est-à-dire un véritable nom ; il est composé des noms des associés ou d'un ou de plusieurs d'entre eux suivis des mots « et compagnie ». On n'a pas le droit d'y mettre un om de personne étrangère à la société, parce qu'on ferait roire au public que cette personne est associée, et que par uite sa fortune garantit les dettes sociales.

3° Les associés étant responsables les uns pour les autres ne euvent se voir imposer un associé nouveau ou continuer sans n d'eux. Aussi la société se dissout, sauf clause contraire, ar la mort, la faillite, ou l'interdiction d'un quelconque 'entre eux :

II. — Société anonyme.

1° Elle est administrée par un conseil d'administration le lus souvent désigné par les statuts et par conséquent accep- par l'assemblée constitutive, celle où la société est fondée, uis, au bout de trois ans, élu par l'assemblée des actionnaires. conseil a d'ordinaire pour agent un administrateur délé- ué qui a la signature de la maison. L'administration est con- ôlée par des commissaires de surveillance élus chaque nnée.

2° Les associés engagent envers les tiers ce qu'ils appor- nt pour former le fonds commun et tout ce que la société querra ; mais ils ne peuvent être poursuivis personnelle- ent ; la société peut tomber en faillite sans que ses embres, même les administrateurs sauf au cas de faute ave, aient à verser quoi que ce soit en dehors de leur mise du prix de leurs actions.

III. — Société en commandite

1° Les associés sont de deux sortes : les *commandités* ou *gérants* qui administrent et sont responsables personnelle-ment et solidairement des dettes sociales ; les *commanditaires* qui ne doivent que ce qu'ils ont promis comme mise ou le prix de leurs actions.

Les parts peuvent avoir été souscrites librement, sans aucune fixation de quotité, au gré des capitalistes séduits par l'idée des fondateurs, l'un promettant par exemple 10 000, une autre 12.500, un troisième 13.000, etc. Ces parts iné-gales s'appellent des *intérêts* (deuxième sens du mot), et la société, **commandite simple** ou **par intérêts**. Elle est adminis-trée par les gérants habilités pour les actes qui dépassent leurs pouvoirs par l'assemblée des actionnaires.

Il arrive au contraire souvent que les fondateurs divisent le capital qu'ils demandent en parts égales, par exemple toutes de 500 francs (sauf à chaque capitaliste à en souscrire le nombre qu'il voudra), elles s'appellent alors des *actions* (également deuxième sens du mot), et la société **commandite par actions**. Elle est administrée par des gérants, un conseil de surveillance et l'assemblée des actionnaires.

IV. — Société en participation.

C'est une société sans forme spéciale contractée entre per-sonnes qui chargent une d'entre elles de faire un certain acte (par exemple l'achat de la cargaison d'un navire qui arrive et la revente) ou de gérer une certaine entreprise en son propre nom quoique pour le compte commun.

V. — Société à capital variable.

En droit commun, une société ne peut pas consentir à laisser des associés reprendre tout ou partie de leur mise, puisque leurs apports constituent le gage sur lequel les tiers ont le droit de compter. La loi ne veut pas non plus laisser entrer de nouveaux associés sans des formalités spéciales. Mais elle a voulu favoriser les sociétés dites *coopératives*, qui se forment d'ordinaire entre associés appartenant à des classes peu aisées et s'associant pour produire ou acheter en commun ou se prêter les uns aux autres (sociétés de production, de consommation ou de crédit); elle les autorise dans des limites déterminées à accepter de nouveaux associés ou apports, ou à laisser s'opérer des démissions ou retraits, ce qui fait varier leur capital social. Ce sont d'ailleurs à peine de vraies sociétés puisque leur but est de faire des économies et non des bénéfices ; ce sont plutôt des associations.

Personnalité morale. — A la différence des sociétés civiles, qui, tout au moins d'après une opinion, n'ont pas la personnalité morale, les sociétés commerciales l'ont toutes, sauf celles en participation. Nous savons déjà ce qu'il faut entendre par là.

Actionnaires et obligataires. — Il faut avoir soin de distinguer à propos de ces sociétés les *actionnaires* et les *obligataires*, les premiers sont membres de la société, les seconds prêteurs de fonds ; d'où entre eux plusieurs différences :

a. Les premiers ont droit à se partager les bénéfices quand il y en a, et n'ont droit à rien s'il n'y en a pas. Les seconds ont droit, sauf faillite de la société, aux intérêts promis. Cette différence est quelquefois atténuée. Certaines sociétés ne promettent que des intérêts variables suivant les bénéfices; et souvent, à l'inverse, on sert des intérêts aux actionnaires pendant le temps qui s'écoule avant que l'entreprise ne puisse rapporter.

b. Au cas de faillite les seconds sont remboursés avant que les actionnaires ne puissent se répartir quoi que ce soit.

Faillite et liquidation judiciaire.

Lorsqu'un commerçant cesse ses paiements commerciaux (il ne s'agit pas de ses paiements de dettes civiles) ou tout au moins en refuse un certain nombre, il y a en principe faillite; il peut y avoir à de certaines conditions liquidation judiciaire ou banqueroute.

6.

Faillite. — Elle est déclarée par jugement du tribunal de commerce.

Demande de cette déclaration doit être faite par le commerçant lui-même au greffe du tribunal avec dépôt de son bilan, dans la quinzaine de la cessation des paiements. Mais elle peut l'être aussi par un créancier, et le tribunal peut également agir d'office.

Jugement déclaratif et ses effets. — Le tribunal nomme des *syndics provisoires* et un *juge-commissaire*, déclare la date à laquelle remonte la cessation des paiements, et décide ou refuse l'incarcération du failli.

De plein droit par l'effet du jugement s'opèrent :

1° Le *dessaisissement* du failli, c'est-à-dire qu'il ne peut plus faire aucun acte opposable à ses créanciers ;

2° L'*arrêt des poursuites individuelles,* c'est-à-dire que les créanciers forment « masse » et n'ont plus le droit d'agir chacun à sa guise, comme dans le droit commun de la « déconfiture » d'un non-commerçant, pour tâcher de se faire payer ;

3° La *cessation du cours des intérêts* pour les créances qui en produisaient ;

4° La *suppression des termes;* les créanciers à terme (par exemple les locateurs pour les loyers futurs, sauf quelques règles spéciales), sont assimilés aux créanciers à créance actuellement exigible ;

5° L'*annulabilité ou la nullité des actes faits depuis la cessation des paiements* et de certains faits même antérieurs, passés dans les dix jours qui l'ont précédée.

Marche de la faillite. — En même temps commence toute une procédure qu'on peut diviser en trois phases :

1re PHASE. — On court au plus pressé ; les syndics prennent l'administration du patrimoine du failli, font apposer les scellés même sur son appartement dans la mesure du nécessaire et du possible, dressent rapidement la liste des créanciers et les convoquent en une assemblée où ils peuvent nommer d'autres syndics dits définitifs.

2º PHASE. — Plus posément les syndics font dresser un inventaire de l'actif, vérifient les créances prétendues, et les admettent ou rejettent (sauf appel au tribunal de commerce ou d'arrondissement suivant le cas), les font affirmer par serment, convoquent alors une assemblée des créanciers reconnus et affirmés.

3ᵉ PHASE. — Cette assemblée peut alors opter entre trois décisions :

a. Accorder au failli qui le demande un **concordat**, c'est-à-dire un traité par lequel on lui fait remise d'un certain tant p. 100 de ses dettes et on lui rend l'administration de sa fortune, à charge pour lui de payer la fraction restante dans un délai de... Il faut pour cette décision la majorité plus un des créanciers représentant les deux tiers du montant des créances.

b. Refuser le concordat ; ils se trouvent alors de plein droit en état d'**union**. Les syndics s'ils sont maintenus, ou de nouveaux syndics liquident l'actif en vendant marchandises, fonds de commerce, immeubles, etc., et retirant ou faisant rentrer toutes les sommes dues au failli ; et le produit net est réparti par le juge-commissaire au marc le franc, après prélèvements pour les privilégiés et hypothécaires et secours au failli.

c. Abandonner la procédure lorsque l'actif est assez faible pour ne pas mériter les frais d'une liquidation, le tribunal peut alors d'office ou sur demande des syndics, prononcer la **clôture pour insuffisance d'actif**, l'union pouvant reprendre d'ailleurs si de nouvelles ressources surviennent au failli.

Déchéances du failli. — Il est jusqu'à réhabilitation, si elle a lieu, inéligible à toutes fonctions électives ; il cesse d'être électeur pendant trois ans à partir du jugement déclaratif.

Liquidation judiciaire. — C'est une faveur accordée par le tribunal au failli qui en fait la demande, s'il a déposé son bilan dans les quinze jours de la cessation de ses paiements et semble plutôt malheureux que coupable. Le jugement produit en général les mêmes effets que celui de la mise en faillite ; toutefois le commerçant n'est pas dessaisi, et garde l'administration de sa fortune avec le concours d'un liquidateur. Les créanciers ont du reste à opter entre les trois mêmes solutions que pour la faillite.

Banqueroute.

Il y a banqueroute *simple*, punie d'un emprisonnement d'un mois à deux ans par le tribunal correctionnel, obligatoirement ou facultativement suivant les cas, lorsqu'il y a eu de la part du failli certains actes de négligence ou d'imprudence vraiment trop graves, ou des fraudes (dépenses excessives, mauvaise tenue des livres, préférence donnée à un créancier par rapport aux autres pendant la période suspecte, etc.).

Il y a banqueroute *frauduleuse*, crime puni des travaux forcés à temps, de la compétence par conséquent de la cour d'assises, au cas de soustraction des livres, détournement ou dissimulation d'actif, etc.

Réhabilitation.

Elle consiste dans la restitution au failli de tous ses droits. Elle n'est pas accordée au banqueroutier.

Elle est de droit : 1° si le failli a intégralement payé ses dettes en capital et intérêts depuis cinq ans, plus les frais ; 2° dix ans après le jugement s'il n'y a pas opposition d'un créancier par acte au greffe appuyé des pièces justificatives.

Elle est facultative, c'est-à-dire peut être accordée au failli au cas de probité reconnue : 1° s'il a payé la quotité promise par lui au concordat quand il y en a eu un ; 2° quand il a obtenu remise complète de ses dettes du consentement unanime des créanciers.

(Fin de la 13° leçon)[1].

1. **Questions** : Qu'est-ce que l'association ? — la société ? — la société civile ? — la société commerciale ? — Quelles sont les formes dites commerciales de la société ? — En quoi consiste la société en nom collectif? — anonyme ? — en commandite par intérêts ? — en commandite par

ctions ? — en participation ? — à capital variable ? — Différence de la
société commerciale et de la société civile. — Qu'est-ce que la raison
sociale d'une société ? — un actionnaire et un obligataire ?

Qu'est-ce que la faillite ? — Quels sont les effets du jugement déclaratif? — Indiquer la marche générale de la faillite. — Qu'est-ce que le
concordat ? — la liquidation judiciaire ? — la banqueroute simple, frau-
uleuse ? — Quelles sont les déchéances du failli? — Qu'est-ce que la
réhabilitation ?

NOTIONS

D'ÉCONOMIE POLITIQUE

NOTIONS PRÉLIMINAIRES

Économie politique. — Le mot *Économie* vient de mots grecs qui veulent dire *lois de la maison*. Il correspond, à lui tout seul, à ce que nous appelons l'*Économie domestique*, c'est-à-dire la science des règles de la bonne administration d'une maison. Le mot « politique » vient du mot grec « polis » qui veut dire « ville » « cité » et par suite « État ». L'*Économie politique* est donc la science qui a trait à la bonne administration des intérêts matériels de l'État ou des États. On peut la définir pour plus de précision : *la science des lois naturelles qui régissent la richesse.*

Richesse. — On entend par ce mot *toute chose dotée d'une utilité quelconque pour l'homme,* c'est-à-dire susceptible de satisfaire à un besoin ou désir habituel de l'homme ; et par « l'homme » nous entendons non pas tel ou tel individu déterminé, mais la généralité des hommes ou un bon nombre d'entre eux.

Il est d'ailleurs des besoins factices nés d'habitudes mauvaises pour ceux qu'elles dominent (celui de l'alcool par exemple) ; les choses qui y satisfont sont de mauvaises richesses mais des richesses encore, tout au moins dans la langue usuelle de l'Économie politique.

La richesse est chose presque illimitée ; on peut presque indéfiniment augmenter le stock des choses qui peuvent être utiles. Par suite, c'est une erreur de croire que la fortune d'un homme, c'est-à-dire la quantité de richesses qu'il détient, soit forcément autant d'enlevé aux autres. Le cultivateur qui transforme en champ fertile une terre en friche, l'inventeur qui trouve un nouveau moyen d'utiliser les forces ou les matières naturelles, et bien d'autres, créent pour le plus grand bien de tous, et ne prennent pas.

Lois des phénomènes économiques. — Elles sont un peu du genre de celles qui gouvernent les phénomènes physiques ou chimiques. De même, par exemple, que l'ébullition de l'eau se produit toujours lorsque le liquide arrive à telle température sous telle pression, de même lorsqu'il existe, dans une région plus ou moins isolée, 1000 objets d'une certaine nature, et dans la population, 2000 personnes cherchant à s'en procurer de tels, il y a forcément augmentation de la valeur de ces objets, et dans la situation inverse il y a baisse.

Toutefois la ressemblance entre ces deux espèces de lois n'est pas absolue, parce que les phénomènes économiques sont souvent influencés par des sentiments ou par des besoins d'habitude, sur lesquels la volonté et par suite l'éducation ont une certaine prise, paresse ou amour du travail, goût de la dépense ou économie, imprévoyance ou passion pour la sécurité du lendemain, jalousie ou large altruisme, etc.

Point de vue économique. — L'Économie politique n'a pour objet de voir ni ce que les lois positives décident en fait de richesses, c'est l'affaire du Droit, ni ce qui serait juste, c'est celle du Droit naturel, ni ce qui serait bien, c'est celle de la Morale ; elle s'occupe simplement de ce que font les forces naturelles, parmi lesquelles il faut du reste compter les sentiments innés chez l'Homme, sentiment de justice, charité, etc., mais aussi, il faut bien le reconnaître, désir du confort, envie de ce qu'on voit de désirable chez les autres, et répugnance à l'effort.

Économie sociale. — Ces lois aboutissent souvent à des conséquences cruelles. Ainsi, en reprenant l'exemple précédent, lorsque la marchandise plus offerte que demandée est le travail humain, le prix de ce travail ou salaire peut devenir insuffisant, de même que la baisse de certaines marchandises peut en ruiner les producteurs. Parce que c'est là une conséquence naturelle de la supériorité de l'offre sur la demande, ce n'est pas une raison pour qu'on ne cherche pas à réagir par des ententes, et, au besoin même, s'il n'est pas d'autre moyen, par une intervention de la Puissance publique et par des lois promulguées, pas plus qu'on ne se croit tenu de ne pas se défendre contre le froid ou la tempête sous prétexte que ce sont des faits de nature. Le rôle de la science économique est donc aussi de voir dans quelle mesure on peut se soustraire à certaines conséquences naturelles mauvaises des lois économiques sans en risquer d'autres plus mauvaises encore ; par exemple, dans quelle mesure on peut relever arbitrairement les salaires sans rendre nécessaire un relèvement de prix de vente qui peut d'autre part être désastreux pour l'industrie du pays. Envisagée à ce point de vue. comme guide de la Législation sociale, l'Économie politique s'appelle plutôt *Économie sociale*.

Divisions de l'Économie politique.

Tous les phénomènes intéressant la richesse et qui sont susceptibles de donner lieu à étude au point de vue économique peuvent être groupés sous quatre rubriques : *production, répartition, circulation, consommation*.

Production. — Au point de vue de l'Économie politique, elle est chose variable suivant les richesses.

Pour certaines, qui sont des créations spontanées de la nature (coquillages rejetés par la mer, fruits, minerais, gibier, animaux à domestiquer, etc.), la **production** consistera à les mettre en mesure d'être utiles, c'est-à-dire à les ramasser, cueillir, extraire, attraper, dresser, etc.

Pour d'autres créations de la nature encore, mais non spontanées, la production consistera dans le travail qui force les agents naturels à produire, culture, engrais et ensemencement du sol, etc.

Pour d'autres, ce sera la fabrication même, c'est-à-dire la transformation en un objet plus utile d'une matière première (qui peut elle-même être un produit fabriqué).

Pour toutes, le transport d'un endroit où elles ne servent

pas à un autre où elles sont demandées ; ce qui est encore une création de richesse, puisque c'est une création d'utilité.

De sorte que *la production doit se définir toute création de chose utile ou, pour une chose déjà créée, toute augmentation d'utilité.*

L'Économie politique étudie en particulier les conditions auxquelles cette production est le plus satisfaisant possible.

Répartition. — C'est le *partage de la richesse entre ceux qui ont contribué à la créer.* L'Économie politique constate les différentes façons dont elle peut se faire et leurs avantages ou inconvénients respectifs. Et il est clair qu'un peuple et l'humanité entière ont un intérêt économique et social à ce que chaque agent de la production y trouve un avantage notable ; autrement il se refuserait et la production s'arrêterait.

Circulation. — On entend par là *tout ce qui constitue le passage de la richesse de propriétaire en propriétaire,* c'est-à-dire l'échange et tout ce qu'il entraîne après lui (le crédit, le transport matériel même, si on veut, quoiqu'il tienne aussi à la production, etc.), et il est clair que si cette circulation n'est pas facile, c'est une des utilités de la richesse qui disparaît puisqu'elle est faite pour qu'on puisse l'échanger.

Consommation. — C'est *l'utilisation de la richesse ;* et il n'est pas besoin de réfléchir longtemps pour comprendre qu'elle aussi est un sujet d'observations utiles ; car la consommation d'une certaine quantité de richesses oblige à en produire de nouvelles et crée un besoin de travail ; la consommation de certains genres de richesses par préférence à d'autres (ainsi, des objets de luxe par préférence aux objets grossiers) lance l'industrie dans un certain sens. Enfin la consommation simplement particlle crée, par l'épargne, le capital qui seul fait l'outillage.

De sorte que c'est la consommation qui commande la production au point de vue de son intensité, de ses tendances et même de sa puissance d'action.

(Fin de la 1re leçon[1].)

DEUXIÈME LEÇON

Les diverses écoles d'économistes anciennes et actuelles.

A. **Système mercantile**. — Pendant de longs siècles jusqu'au xvie, on ne s'est guère douté qu'il y eût dans tous ces phénomènes relatifs à la richesse matière à science, et, n'y réfléchissant pas, on conservait l'idée, qui vient naturellement à l'esprit, que la richesse, c'est surtout la monnaie. La chose semble évidente puisqu'avec elle on se procure ce dont on a besoin. Aussi les premiers vrais ouvrages d'économie politique qui ont paru ont été suscités par l'envie qu'inspirait l'Espagne avec ses mines d'or du Nouveau Monde, et ont étudié par quels moyens un pays peut, sans mines, faire abonder en lui or et argent. Il semblait que ce fût là l'idéal. D'où le *système mercantile* d'après lequel la grosse affaire était, suivant une formule plus absolue peut-être que l'idée ne l'était dans les esprits, de vendre beaucoup et acheter peu. De là une tendance (qui fut en particulier celle de Colbert) d'une part à réglementer le travail pour qu'il fût habile et consciencieux et acquît bonne réputation à l'étranger, et d'autre part à

---

1. **Questions** : Qu'est-ce que veut dire Economie ? — Politique ? — Economie politique ? — Qu'est-ce que la Richesse ? — Est-elle en quantité limitée ? — La Richesse des uns est-elle prise forcément sur celle des autres ? — L'Economie politique est-elle une vraie science ? Existe-t-il des lois économiques ? Exemples. — Sont-elles entièrement comparables aux lois mécaniques, physiques, etc. ? — A quel point de vue se place l'Economie politique pour juger les phénomènes et les actes ? — Se contente-t-elle de constater les effets des lois économiques ? — Qu'est-ce que l'Economie sociale ? — En combien de groupes peut-on diviser les phénomènes qui ont trait à la richesse ? — Qu'est-ce que la production ? — Est-ce toujours une création d'objet nouveau ? — En quoi le transport peut-il être une création de richesse ? — Qu'est ce que la répartition ? — la circulation ? — la consommation de la Richesse ? — En quoi chacun de ces phénomènes peut intéresser l'Economie politique ?

entourer le pays, sauf pour les matières premières dont le travail national avait besoin, de droits de douane *prohibi-tifs*. On entend par là des droits assez élevés pour empêcher les marchandises étrangères d'entrer. De là aussi le soin avec lequel on cherchait à faire la *balance du commerce*, c'est-à-dire le tableau comparatif des importations et exportations, se croyant ruiné si les premières l'emportaient sur les secondes.

CRITIQUE DU SYSTÈME. — En réalité l'idée qui inspirait surtout ce régime était fausse. L'or ne rend riche qu'en raison de ce qu'on peut se procurer avec lui ; peu importe de n'en pas avoir beaucoup, si on a d'autres moyens de se procurer ce dont on a besoin.

Et puis, dans l'intérieur d'un pays, comme nous le reverrons page 166, la présence d'un gros stock métallique n'a d'autre effet que de faire hausser le prix de toutes choses, non de les multiplier et de permettre d'en avoir davantage ; exporté, il s'épuise et laisse alors derrière lui une population habituée à acheter au lieu de produire, et par suite plus malheureuse qu'avant. Ce fut le cas de l'Espagne.

L'histoire montre d'ailleurs la « balance du commerce » défavorable d'une façon constante à des pays qui ne cessent cependant de s'enrichir. Et le fait se comprend : soit un armateur partant de Bordeaux avec une cargaison de vins. On note par exemple : exportation, 200.000 francs. Ce vin vendu en Amérique pour 250.000 francs, l'armateur achète pour une égale somme de coton qui, ramenée en France, vaut 300.000 francs. On notera : importation 300.000 francs. De sorte que les statistiques donneront la France comme ayant en apparence perdu 100.000 francs, alors qu'en réalité cet armateur s'est enrichi de 100.000 francs, dont 50.000 pris sur l'étranger, moins les frais dont une partie (salaire de l'équipage, etc.) va encore à des Français.

Tout ce régime d'ailleurs, comme il arrive forcément à ce qui est faux, causa peu à peu de fortes déceptions. Les règlements administratifs, qui peuvent avoir de bons effets quand ils sont établis sous l'action d'un homme comme l'était Colbert, sont forcément lents à se modifier et arrêtent le progrès. Puis, lorsque tous les pays se mettent à s'entourer de douanes prohibitives, il n'y a plus d'exportation possible.

B. **Physiocrates.** — Au xviiiᵉ siècle la tendance philosophique générale était un peu en tout de repousser les « systèmes » et d'en revenir à la « nature ». De là, en ce qui concerne les richesses, le succès de la maxime « *laissez faire* (c'est-à-dire laissez le travail libre), *laissez passer* (c'est-à-dire supprimez les douanes), » qui fut adoptée et développée par tout un groupe d'hommes éminents, et en premier lieu par le docteur Quesnay, médecin de Louis XV, « son panseur » comme il l'appelait par jeu de mots, et par Gournay à la même époque. Ce fut l'**école physiocratique** (de deux mots grecs qui veulent dire : gouvernement de la nature)

Cette école, entre autres idées capitales, émit celle-ci (nouvelle erreur) que toute richesse vient de la terre (soit directement comme le bois, le lin, les fruits et grains, les minerais, etc., soit indirectement comme la laine donnée par les troupeaux qui eux-mêmes vivent des produits de la terre), que par suite les industries autres que l'industrie agricole ou extractive transforment les produits de cette dernière, mais ne créent rien, et sont secondaires. Une conséquence, en matière d'impôts, était qu'on pourrait se contenter de frapper la terre, puisque les propriétaires en seraient quittes pour vendre leurs produits plus cher à des acquéreurs qui, eux-mêmes revendraient plus cher, et ainsi de suite, de sorte que par « incidences » successives l'impôt frapperait tous les détenteurs de richesses en proportion de ce qu'ils posséderaient.

Ici encore les faits devaient donner tort à certaines de ces idées : de petits pays, comme les Pays-Bas, sont dotés d'une richesse hors de proportion avec leur territoire, même colonies comprises.

C. **École libérale.** — Bientôt apparaissaient, en 1776, un ouvrage de l'Écossais Adam Smith, et, en 1803, un autre de J.-B. Say qui devaient mettre en lumière de nouvelles idées, parmi lesquelles les suivantes : que transformer un objet en un autre apte à satisfaire d'autres besoins, ou le transporter de l'endroit où il se trouve en un autre où il rendra de plus grands services, c'est créer de la richesse, qu'à ce point de vue les industries de transformation ou de transport valent l'industrie extractive ; et que par suite la grosse affaire pour un peuple, en fait de richesse, c'est-à-dire de vie aisée et confortable, c'est la productivité de son travail.

THÉORIE DES DÉBOUCHÉS. — C'est aussi J.-B. Say, qui a formulé et vulgarisé cette théorie, c'est-à-dire l'idée que *les produits s'échangent contre les produits*. Supposez en effet différents pays industriels allant vendre à un autre (mettons par exemple le Brésil), mais ne lui achetant jamais rien. Son stock monétaire finira par faiblir, et alors, ou bien il devra cesser d'acheter, ou bien, s'il a une industrie quelque peu sérieuse, l'or qui lui reste ayant acquis une grande valeur d'achat sur son territoire conformément à une loi sur laquelle nous reviendrons, son industrie, se procurant matières premières et travail à bon compte, pourra produire bon marché. Il arrivera donc forcément un moment où ses marchandises tenteront les étrangers venus pour vendre, d'autant plus qu'en repartant chargés, ils pourront faire porter les frais du voyage partie sur la vente au Brésil, partie sur la revente qu'ils opéreront au retour. Ils seront ainsi en mesure de faire aux indigènes des conditions de vente plus douces, conquerront le monopole du commerce au Brésil, et les autres devront les imiter et acheter eux aussi. Il est donc fatal qu'un pays qui achète se mette tôt ou tard à vendre pour autant ; les produits achetés supposent des produits vendus ; cette loi est la condamnation du système mercantile.

Du reste toute cette école de Smith et de Say reste fidèle au *laissez-faire, laissez passer* des physiocrates et on l'a, pour cette raison, appelée par opposition à d'autres, *libérale* ou *individualiste*. On l'appelle quelquefois aussi en raison de l'absolutisme de ses principes, avec un peu de raillerie. l'école *classique* ou *orthodoxe*.

En face d'elle sont les diverses écoles socialistes et les écoles protectionniste et interventionniste.

D. **Systèmes socialistes**. — On donne ce nom aux systèmes qui, attribuant les misères sociales à l'organisation « capitaliste » de la société actuelle, s'attaquent avec plus ou moins d'absolutisme aux deux bases de cette organisation, la liberté et la propriété. Parmi eux :

Le **communisme** veut la *mise en commun de toutes les richesses,* ce qui entraîne le remplacement du travail de chacun pour soi par le travail de chacun pour tous. Il a peu de partisans aujourd'hui et l'on traite volontiers cette conception d'*utopie,* nom donné en 1516 par l'anglais Thomas Morus à l'île imaginaire où il faisait vivre les hommes sous ce régime.

Le **socialisme agraire,** qui a peu de partisans en France, ne demande la « socialisation », c'est-à-dire *l'attribution à la société,* que *pour les terres et biens fonciers.*

Le **collectivisme,** qui est au contraire très répandu parmi les classes ouvrières, et a pour fondateur l'allemand Karl Marx, laisse à chacun les produits de son travail (à titre non héréditaire, provisoire même de préférence, de façon à empêcher la formation du capital par l'épargne), mais *socialise tous les instruments et auxiliaires de la production* (terres, chutes d'eau, usines, machines, chemins de fer, banques, etc.). Pratiquement sa tactique est de s'emparer peu à peu des forces politiques, en particulier de la force parlementaire, et de désorganiser les autres, de façon à ce qu'un jour le renversement de tout l'ordre social actuel ne soit plus que l'affaire d'un coup de force ou d'une grève générale.

Le **socialisme d'État,** à la différence du collectivisme, ne croit pas au *déterminisme.* c'est-à-dire au caractère fatal des lois économiques, et pense au contraire que *la puissance publique peut tout organiser elle-même par ses lois promulguées au fur et à mesure des besoins.*

D'autres enfin, catholiques ou protestants, sans s'attaquer à la propriété et à l'hérédité, considèrent, et c'est le **Socialisme chrétien,** qu'*en matière économique* comme en toute autre *la vérité est dans le Christianisme* et que tout le mal vient de ce qu'on s'est écarté de son esprit en faisant de l'argent un bien frugifère, condamnent par conséquent eux aussi le prêt à intérêt, les obligations, les sociétés par actions, la concurrence, etc., préconisent enfin, les uns, le retour à

l'organisation du travail en corporations, les autres l'association coopérative au besoin obligatoire.

E. **École protectionniste**. — Beaucoup plus modeste, l'école
protectionniste ne demande à l'État que *la défense de l'industrie indigène contre l'industrie étrangère*, soit par des douanes
prohibitives, soit par des privilèges quelconques, dans le
cas où l'intérêt que les consommateurs ont à choisir librement leurs vendeurs paraît devoir céder devant l'intérêt de
telle ou telle branche du travail national. Elle n'attaque donc
pas le régime capitaliste, tout au contraire, et si elle fait,
comme le socialisme le fait souvent, intervenir l'État, ce n'est
pas en vue du même but.

F. **Interventionnisme**. — D'autres enfin s'inquiètent surtout
des conditions mauvaises dans lesquelles se trouvent, en
raison de leur nombre et de leur dissémination, les ouvriers
et petits producteurs, pour débattre avec les employeurs ou
intermédiaires les questions de travail et de salaire, et
demandent pour eux la protection des lois, c'est l'école interventionniste ; c'est elle qui, en tombant d'accord sur plus d'un
point avec le collectivisme, et rencontrant l'appui de ce dernier
dans les parlements, domine aujourd'hui les législateurs, sans
avoir cependant convaincu tous les économistes ; un certain
nombre, à tort ou à raison, continuent à croire que, dans la
liberté, les groupements et les initiatives individuelles arri-
veraient, par l'éducation progressive de tous, à des résultats
plus sûrs et meilleurs.

G. **Solidarisme**. — On a l'habitude de rapprocher de ces
systèmes le *Solidarisme*. Il ne s'occupe, cependant, en fait
d'Economie politique, que de ce qui concerne l'Assistance,
et, partant d'une idée de pure justice et non de l'observation des lois économiques, il appartient au Droit naturel seul.
Il s'appuie sur ce que les hommes sont en fait solidaires les
uns des autres, c'est-à-dire profitent et souffrent tous plus ou
moins chacun des actes de tous, et sur ce que la civilisation
issue du travail et des inventions d'une foule énorme d'an-
cêtres inconnus, peut être considérée comme le commun

apanage de tous les hommes à chaque génération. Il en déduit le droit de chacun à une organisation telle qu'il puisse jouir de cette civilisation pour une part « humaine », c'est-à-dire avoir une existence non indigne d'un homme de notre siècle. D'où, non pas seulement *devoir* social d'aider l'individu malchanceux ou mal doué qui n'a pu arriver à se créer cette existence, mais *droit* absolu pour lui à l'aide collective d'un bout à l'autre de son existence, aide par l'instruction intégrale gratuite, par des assurances, des retraites, etc.

Nous ne pouvons entrer dans l'examen de toutes ces théories. Nous exposerons seulement les idées qui semblent l'emporter dans la science, successivement en ce qui concerne :

I. *La Production ;*
II. *La Répartition ;*
III. *La Circulation ;*
IV. *La Consommation de la Richesse.*

(Fin de la 2ᵉ leçon [1].)

[1]. **Questions** : Quelle est l'idée courante en matière de Richesse ? A quel système a-t-elle donné lieu pratiquement ? — Quel est le grand ministre de l'ancienne France qui l'a le plus hardiment appliqué ? — Quels sont les erreurs, en théorie, et les inconvénients, en pratique, de ce système ? — En exposer et apprécier les idées en matière de balance du commerce. — Quel système l'a remplacé au xviiiᵉ siècle ? — Qu'est-ce que veut dire physiocratie ? — Quelles en sont les idées exactes et les erreurs ? — Quels sont les fondateurs du troisième système et comment l'appelle-t-on ? — Ses principales idées. — Théorie des débouchés. — Qu'est-ce qu'ont de commun tous les systèmes dits socialistes ? — Quels sont les principaux de ces systèmes ? — Quelle différence existe entre eux et l'école protectionniste ou l'école interventionniste ? — De quelle partie de l'économie politique s'occupe surtout cette dernière ? — De quelle partie le solidarisme ?

1

PRODUCTION DE LA RICHESSE

(Programme : les agents de la production : nature, travail et capital
La nature : milieu physique, sol, sous-sol, matières premières et
agents naturels.

Le travail : travail intellectuel, invention, direction. — Travail
manuel ou musculaire. — Division du travail : exemples. Les machines
— Avantages et inconvénients de la division du travail. — Les lois sur
le travail : loi du 2 novembre 1892 sur le travail des enfants, des filles
mineures et des femmes dans les établissements industriels. — Conditions de productivité du travail. — L'agriculture, l'industrie et le
commerce.

Le capital : différentes espèces de capitaux : capital fixe et capital
circulant. — Résultats de l'association du capital et du travail. — La
grande et la petite industrie. — Rôle de l'entrepreneur. — La grande et
la petite culture.

Les syndicats professionnels, patronaux, ouvriers. — Grèves, lock-out,
coalitions de producteurs agricoles.)

LES AGENTS DE LA PRODUCTION DE LA RICHESSE

Les agents de la production, c'est-à-dire les choses et
forces qui produisent la richesse, sont : *la Nature, le Travail,
le Capital.*

I. — **Nature**.

On entend par là *l'ensemble des choses et êtres qui entou-
rent l'homme et des forces qui animent la matière.*

La nature crée à elle toute seule certaines richesses, fruits,
gibier, etc. Mais presque toujours il faut à l'homme une
certaine peine pour les avoir à sa disposition.

Plus souvent encore la nature se contente de coopérer à la

production en fournissant soit des matières premières à élaborer, soit un milieu favorable ou des forces, milieu et forces qui d'ailleurs en général ont besoin eux-mêmes d'être aménagés.

Milieu : climat, avec son influence sur la végétation et le travail ;

Sol, c'est-à-dire tout ce que l'homme atteint sans fouilles : terre avec ses forêts, ses pâturages, ses champs, ses cours d'eau, ses possibilités d'irrigation ; couche arable avec les substances chimiques qu'elle renferme et dont certaines (azotes, phosphates, etc.), représentent pour certains pays des milliards (phosphates de l'Algérie par exemple) ; mer avec ses chemins ouverts en tous sens, et ce qu'elle donne à la pêche ;

Sous-sol, avec ses carrières, ses mines de houille, pour lesquelles notre France est mal partagée depuis l'arrachement d'une partie de la Lorraine et se trouve chaque année tributaire de l'étranger pour une vingtaine de millions de tonnes; avec ses minerais, en particulier de fer, pour lesquels nous sommes en meilleure situation, grâce surtout à ce qui nous reste des pays mosellans ;

Matières premières, fournies par ce sol et sous-sol. terres à poterie, à briques, pierres de construction, pierres calcaires propres à faire la chaux, lin, chanvre, coton, bois, laine des animaux, gibier, minerais, substances chimiques diverses, etc ;

Agents naturels, c'est-à-dire forces motrices :

Vent, force à bon marché, longtemps seule à la disposition de la marine et de l'industrie meunière, mais que stérilisent en partie ses caprices ;

Force des animaux domestiqués, bœuf, cheval dans nos pays, renne ailleurs, etc., force précieuse puisqu'en moyenne un cheval est considéré comme donnant l'effort de 7 hommes avec un coût d'entretien inférieur ;

Force d'expansion des gaz, gaz explosif, *vapeur*, etc. cette dernière, puissante et commode par ce fait même qu'elle est artificielle et qu'on se la procure où on a besoin d'elle, mais défectueuse jusqu'à nouvel ordre en raison de l'énorme déperdition de calorique à laquelle sa production donne lieu ;

Courants et chutes d'eau, puissance de premier ordre depuis que la turbine remplace la roue à aube, et que deux dynamos avec un fil de cuivre font de cet élan d'un fleuve une force transportable à toutes distances, réglable à volonté, et qui s'emploie indifféremment à l'éclairage d'une ville, à la traction de ses tramways, à la mise en marche des machines, depuis celles de l'usine jusqu'au petit métier du travailleur en chambre, ressource précieuse au possible surtout pour les pays mal dotés en houille, *houille verte* comme on l'a appelée (ou, sous sa forme de glaciers, *houille blanche*), véritable armée de chevaux hydrauliques correspondant pour la France, dit-on, à environ 8 millions de chevaux-vapeur ;

Enfin des forces connues, dont on n'a pas encore trouvé, mais dont on peut trouver d'un moment à l'autre l'aménagement et l'utilisation pratique, marées, chaleur du soleil ; et après elles, d'autres encore seront employées dont on ne fait actuellement que soupçonner les énormes énergies latentes.

II. — Travail.

C'est *l'effort en vue de la production ou d'un service.*

On le divise en plusieurs espèces : en *intellectuel et manuel* au point de vue des facultés qu'il met en jeu ; *en agriculture, industrie et commerce,* à celui des matières sur lesquelles il porte et du genre de services qu'il rend.

Travail intellectuel et travail manuel. — *A*. — Le **travail intellectuel** se divise lui-même en *travail d'invention* et *travail de direction.*

a. **L'invention** met en jeu à la fois les connaissances acquises, l'intelligence et l'imagination. C'est elle qui, excitée par les différents désirs humains, et aussi par la tendance de l'homme à éviter tout travail non nécessaire (*loi du moindre effort*) a découvert tant de moyens de faire travailler la nature pour lui, et tant d'outils et de machines pour augmenter sa force. C'est elle qui, maintenant encore, perfectionne sans cesse l'outillage, dresse les plans des bâtiments à construire, suggère les modèles dont l'autre travail reproduit les formes, trouve les moyens par lesquels une difficulté d'exécution peut être levée, les débouchés possibles pour le commerce, etc., c'est le travail de l'ingénieur, de l'architecte, de l'artiste.

b. **La direction** qui, dans toute entreprise nécessitant la collaboration d'un plus ou moins grand nombre d'hommes, organise le travail, la vente des produits, la rentrée des capitaux, etc., travail de plus en plus actif et de plus en plus visiblement indispensable à mesure qu'augmente l'importance des entreprises.

Ce travail peut être confié à un employé ; mais souvent aussi il sera gardé par le maître de l'entreprise pour lui-même.

Nous verrons plus loin que l'entreprise, au sens propre du mot, est un travail de direction mais avec des risques spéciaux de gain et de perte pour celui qui s'en charge.

B. — **Le travail manuel ou physique** presque toujours laisse un certain rôle, quelquefois même considérable, à l'intelligence, et n'est nullement un travail purement musculaire, mais avec lui cependant c'est la force ou l'adresse de la main qui est le grand agent d'exécution, l'intelligence ayant à suivre une consigne, non à créer.

Au point de vue de l'Économie politique il n'y a pas à hiérarchiser ces trois formes du travail ; toutes les trois sont nécessaires à la production de la richesse.

Un préjugé absurde a pu faire dédaigner autrefois par certaines classes sociales le travail manuel ; un préjugé non moins absurde, qui règne au sein de certains groupes ouvriers, leur fait méconnaître l'intensité d'effort et la nécessité économique du travail intellectuel. L'ingénieur et le directeur ne sont rien sans l'ouvrier ; l'ouvrier et le directeur rien sans l'ingénieur ; l'ouvrier et l'ingénieur rien sans le directeur qui combine leur action et crée les débouchés.

Agriculture, industrie, commerce. — C'est une division du travail au point de vue des richesses qu'il crée et des procédés qu'il emploie.

A. — **Agriculture.** Par ce mot on entend tout travail qui a

pour but d'exciter ou diriger la force végétative du sol, ou
de mettre à notre disposition les produits qu'il contient ou
qu'il porte ; donc, non seulement l'agriculture proprement
dite, mais toutes les industries extractives (exploitations de
carrières ou de mines) et même la chasse et la pêche.

B. — **Industrie ou industrie manufacturière,** c'est-à-dire de
confection à la main ; c'est le travail de transformation de
matières premières, soit par le seul travail de la main, soit
à l'aide de machines mues par moteurs mécaniques (cas
auquel il mérite peu ce second nom). Ces matières premières
peuvent d'ailleurs, pour une industrie, être les produits d'une
autre industrie, pour le tisseur par exemple, les fils déjà ouvrés

C. — **Commerce,** c'est-à-dire tout le travail qui consiste à
aller chercher dans leurs pays d'origine les produits deman-
dés ailleurs, à les transporter là où on en a besoin (en Économie politique, le commerce comprend donc l'industrie du
transport), à les mettre dans des magasins à la portée des
amateurs. Tout ce travail crée de la richesse en ce sens qu'en
amenant l'objet là où il est recherché, il lui donne une utilité plus grande. Le commerce, même celui de détail, joue
donc son rôle très appréciable dans le progrès de la richesse
humaine, et a sa noblesse comme l'industrie.

Division du travail. — L'homme a été de tout temps amené
par la force même des choses à exécuter certains travaux
dans une mesure supérieure à ce qui lui était nécessaire, en
comptant en revanche, pour ses autres besoins, sur le travail
des autres membres du groupe. Le primitif a dû, en raison
de la différence même des aptitudes, laisser de certains
soins à la femme, en se réservant la chasse. Plus tard, dans
la famille patriarcale, il a bien fallu que le pasteur, pris toute
la journée par le soin du troupeau, fut entretenu par le travail des chasseurs et des ouvriers auxquels il fournissait lait,
laine et viande, et par la suite, de siècle en siècle, l'homme
s'est de plus en plus cantonné dans le genre de travail auquel
il se sentait particulièrement apte, sauf à troquer les produits qu'il produisait en trop contre ceux d'autre nature que
produisaient en trop d'autres spécialistes. C'est la **séparation
des métiers.**

Dans chaque métier enfin, lorsque plusieurs hommes se sont trouvés travailler ensemble à la confection de plusieurs exemplaires d'un même produit, ils sont arrivés d'instinct à se partager la besogne en faisant chacun une certaine partie. toujours la même, de ce produit. Au lieu de faire tous la chaise entière, ils ont fait l'un le dossier, l'autre les montants, etc. ; au lieu de la montre entière, l'un a fait les roues, l'autre les a polies, etc. C'est là, au sens tout à fait propre du mot, la **division du travail**.

L'emploi des machines a développé la tendance à la spécialisation des métiers. Chacune d'elles ne pouvant faire qu'une série limitée de gestes toujours les mêmes, si on voulait fabriquer avec elles un certain nombre de produits différents, il en faudrait toute une armée coûteuse et difficile à bien conduire. Ce n'est possible que pour des entreprises très considérables.

Division territoriale. — Les mêmes forces naturelles créent au profit de certains pays le monopole de productions pour lesquelles ils sont particulièrement bien outillés par les aptitudes de race de leurs travailleurs, ou leur climat, ou les richesses de leur sol ou sous-sol : au profit de la France, le monopole des articles de luxe ; à l'Angleterre, celui des colonnades, etc . De même à l'intérieur d'un pays, il existe des spécialités par région ; chez nous. le vin pour le Midi et certaines régions de l'Est, l'élevage pour la Normandie, etc.

Inconvénients attribués à la division du travail :

1° Elle *transforme l'ouvrier en machine.* — On répond qu'en revanche elle permet à l'ouvrier de songer à autre chose tout en travaillant.

2° Elle *le rend inapte à tout autre travail,* et le met à la merci d'un renvoi ou d'un chômage, parce qu'il sera facilement remplacé. — Sans doute, mais d'autre part, il trouvera plus facilement aussi à se replacer.

3° Elle *rend impossible toute innovation,* puisque chaque ouvrier doit obéir strictement au plan d'ensemble, et, par suite, supprime tous ces perfectionnements de détail qui ont fait par exemple la gloire des meubles d'autrefois. — C'est vrai pour les meuble communs, mais pour ceux de luxe, le travail est moins divisé et l'ouvrier artiste continuera toujours à pouvoir employer ses aptitudes.

4° De pays à pays, elle *risque de priver l'humanité entière des produits monopolisés* par un d'eux, si, pour une cause ou pour une autre, sa production s'arrête. La guerre des Etats-Unis autrefois a privé le monde entier de coton ; de mauvaises récoltes de blé en Crimée, dans les Indes et aux Etats-Unis l'affameraient si chaque pays ne produisait une partie au moins de ce qui doit le nourrir. Un blocus pour un Etat spécialisé dans des articles de luxe le mettrait vite à la merci de son adversaire. — Cet inconvénient n'est pas niable, quoiqu'un blocus absolu devienne de plus en plus difficile.

Ses avantages.

1° *Perfection* du travail ; on fait mieux ce que l'on fait souvent ;

2° *Rapidité* d'exécution, pour la même raison ;

3° *Economie d'outils ;* sans elle, chaque ouvrier devrait avoir un outillage énorme et dont bien des pièces ne lui serviraient que de temps à autre ;

4° *Economie de matières premières ;* il y a moins de « manqués » ;

5° *Economie de temps d'apprentissage ;*

6° *Bon marché* et vulgarisation du confort ;

7° Par suite de la rapidité plus grande et de l'intensité de la production, *réduction de la journée de travail ;*

8° Par elle, les hommes ont tous besoin les uns des autres ; elle crée une *solidarité d'intérêts* de classe à classe et de pays à pays qui rend les guerres sociales ou internationales de plus en plus redoutables pour tous ;

9° Enfin, elle est en réalité plus qu'avantageuse, elle est une *nécessité de la civilisation.* L'homme qui serait forcé de fabriquer à lui tout seul une aiguille y passerait une partie notable de sa vie, en admettant qu'il pût y arriver. Il lui faudrait en effet commencer par aller chercher au hasard le minerai dans le sous-sol, à l'aide d'outils de pierre ou de bois ; obtenir le lingot de fer, puis d'acier, lui donner les dimensions voulues, le polir, en percer la tête, etc. ; et pour

chaque phase de l'opération se créer des outils impossibles
à fabriquer sans outils antérieurs.

(Fin de la 3e leçon[1].)

QUATRIÈME LEÇON

Limitations de la division. — 1° Elle est *impossible avec
les travaux agricoles* qui varient de saison à saison. Un spé-
cialiste serait oisif presque toute l'année.

2° Avec tous elle est *limitée par les débouchés*. Supposons
par exemple qu'un ébéniste veuille, dans son atelier, partager la fabrication de la chaise en cinq parties : dossier, montants, cannage, bâtons, assemblage, mais qu'il faille (c'est
une hypothèse) cinq heures pour le dossier, quatre pour les
montants, trois pour le cannage, deux pour les bâtons, une
pour l'assemblage, il ne pourra se contenter de 5 ouvriers,
car pendant que l'ouvrier des dossiers serait tout le temps
occupé, celui des montants ne pourrait travailler que quatre
heures sur cinq ; celui du cannage, trois sur cinq, etc. ;
de sorte que pour occuper son personnel d'une façon continue, il lui faut *consacrer* 5 ouvriers aux dossiers, 4 aux
montants, etc. ; au total (dans notre hypothèse) 15 pour cinq
spécialisations. Or, est-il en mesure d'écouler le produit
du travail de 15 hommes travaillant sous le régime de la
division, c'est-à-dire vite ? Si non, la division rêvée par lui

---

1. **Questions** : Quels sont les agents de la Production ? — Qu'est-ce
que la Nature ? — le milieu ? — le sol ? — le sous sol ? — les agents
naturels ? — Quels sont les qualités et défauts de chacun d'eux ? du
vent ? de la vapeur ? etc. — Est-il fréquent de voir la Nature produire
sans aménagement par le travail humain ? Citer des cas. — Qu'est-ce
que le travail ? — Ses diverses espèces : l'invention ? — la direction ?
— le travail manuel ? — Certaines de ces espèces du travail sont-elles
économiquement inférieures? — Qu'est-ce que l'on appelle en Économie
politique : Agriculture ? — Industrie ? — Commerce ?

Qu'est-ce que la division du travail ? — L'expression ne désigne-t-elle
pas plusieurs faits distincts ? — Qu'est-ce que la division territoriale du
travail? — Reproches faits à la division. — Réponse possible à chacun
d'eux. — Avantages de la division.

devra être réduite, et il lui faudra, par exemple, donner au même ouvrier plusieurs des parties de la chaise à là fois.

3° De pays à pays, elle est *entravée par le prix de transport*. Soit un objet qui coûte à produire 15 francs ici, 12 ailleurs, mais dont le transport coûte 4 francs d'un endroit à l'autre, le monopole ne s'établira pas.

4° Elle est enfin *entravée par les douanes*, surtout par les douanes protectrices; mais ce n'est plus là une limitation naturelle.

Travail à la machine. — Il remplace de plus en plus, pour la production en gros, le travail direct de l'ouvrier.

Les machines ont été de tous temps impopulaires, certaines proscrites par la puissance publique sous l'action des masses, et les inventeurs massacrés ou tout au moins persécutés. Citons à titre d'exemples : le métier à rubans dont l'inventeur à Dantzig est noyé ; les premiers bateaux à vapeur mis en pièces par les pêcheurs ; Jacquart trois fois sur le point d'être tué; etc. ; et de nos jours encore la haine dont les ouvriers de chaque industrie poursuivent quelque temps l'invention qui introduit une nouvelle machine dans leurs ateliers, ainsi, dans les imprimeries, la machine à composer.

Reproches faits aux machines. — 1° Elles réduisent l'ouvrier à l'état de machine lui-même. — L'accusation paraîtra mal fondée à quiconque voudra comparer l'ouvrier d'aujourd'hui conducteur d'une machine à l'artisan d'autrefois, tout au moins pour les gros travaux ;

2° Elles font chacune le travail de plusieurs hommes, et amènent le chômage. Les chemins de fer par exemple ont ruiné les rouliers. — C'est malheureusement souvent exact ; mais si certaines individualités sont victimes de l'invention nouvelle, d'autres en profitent ; le chemin de fer a, dès ses débuts, donné de l'ouvrage à autant d'hommes au moins qu'il en a rendus oisifs; de plus comme les besoins croissent en raison de la facilité qu'ils ont à se satisfaire, on voyage plus s'il faut moins de temps et d'argent ; on fait plus imprimer si l'impression est moins chère, etc. ; de sorte qu'avec son nouvel outillage, l'industrie occupe bientôt plus de personnel qu'avant; il y a infiniment plus d'employés de chemin de fer qu'il n'y a jamais eu de rouliers, plus d'ouvriers imprimeurs qu'il n'y a eu de copistes à la main.

Bienfaits de la machine. — 1° *Libération de l'homme* de certaines besognes pénibles, cruelles même, et purement mécaniques, comme la meule des temps anciens, la rame sur les galères, funestes à la santé, comme de nos jours dans les verreries le soufflage des bouteilles à la canne, etc.

2° *Confection de travaux impossibles pour le travail humain* : travail des marteaux-pilons par exemple.

3° *Utilisation*, pour la conduite des machines, d'individus trop faibles pour le travail direct.

4° *Travail rapide et constant* et augmentation de la production. Pour faire le travail d'une presse rotative d'aujourd'hui menée par une quinzaine d'ouvriers, il faudrait des copistes en nombre incalculable, par dizaine de milliers. D'où *abaissement du coût* et *vulgarisation des produits*. On achète 0^{fr},05 le journal qui, écrit à la main, se paierait une vingtaine de francs. C'est la machine qui donne à toutes les classes sociales ce qui autrefois était l'apanage des classes privilégiées.

5° *Solidarisation du capital et du travail.* — Les grandes machines actuelles sont en effet coûteuses, et si elles s'arrêtent, c'est une mise énorme de fonds qui se stérilise ; certaines même demandent un emploi constant. Il faut à l'usinier des raisons graves pour remercier ou laisser partir son personnel ; l'entrepreneur sans machines le congédie au contraire volontiers dès qu'il n'a pas d'ouvrage lucratif à effectuer.

Productivité du travail.

Le travail est dit productif lorsqu'il donne naissance à des objets ou à un état de choses utiles à l'homme ; et par suite il l'est plus ou moins.

Productif, lucratif. — Il ne faut pas en Économie politique confondre *productif* et *lucratif*, c'est-à-dire rapportant de l'argent ou un profit quelconque à son auteur individuellement, mais n'augmentant peut-être pas le stock de la richesse humaine.

Pourront être *lucratifs*, et même *très lucratifs*, mais très peu productifs, ou improductifs, ou même malfaisants :

Le petit travail plus apparent que réel qui fait le prétexte d'une sinécure ;

Celui qu'on fait faire à un homme pour pouvoir le secourir pécuniairement sans encourager la paresse, comme de lui faire tourner une roue qui n'actionne rien ;

Celui du voleur ;

La destruction d'œuvres d'art ou de constructions supérieures en utilité à celles qui leur seront substituées.

Il ne faut cependant pas qualifier d'improductif *a priori* tout travail qui ne donne pas naissance à une utilité matérielle.

Le travail du professeur, par exemple, crée non pas directement de la richesse au sens étroit du mot, mais des agents de production, des aptitudes aux travaux productifs ;

Le travail de la magistrature, de la police, de l'armée, crée de la sécurité, condition indispensable de la production de la richesse ;

Le travail du littérateur, du musicien, de l'acteur permet au travailleur de se délasser, de se détendre, et de reprendre ensuite son travail avec plus d'entrain.

Dans tous ces cas il y a création d'un certain état de choses utile en ce sens que, sans lui, la production est empêchée ou amoindrie. Il y a tout au moins travail auxiliaire du travail directement productif.

Dans la masse du travail humain il y a forcément toujours une partie importante non productive ou qui pourrait être plus productive, et c'est cette partie qu'il faudrait pouvoir diminuer au profit de l'autre.

Conditions de productivité du travail. — Elles sont multiples :

1° Chez les consommateurs une *juste hiérarchisation des besoins*, les nuisibles supprimés, les factices réduits, de façon à ce que le travail ne soit employé qu'à créer de la vraie utilité ;

2° Une certaine *proportion entre l'effectif de chaque*

groupe professionnel et la somme de travail que le métier comporte. Si ce groupe comprend 5 p. 100 de l'ensemble des travailleurs et que le métier exige 1 p. 100 des heures de travail fourni, il y a mauvaise répartition des travailleurs de métier à métier, déperdition de forces, métier parasitaire. En général, ici les lois économiques interviendront ; le métier peu pénible attirera tant d'amateurs qu'il deviendra de moins en moins lucratif et que son attrait disparaîtra. Cependant des ententes et autres causes diverses peuvent maintenir longtemps un état de choses mauvais ;

3° La *bonne qualité du travail* de chaque travailleur ;

4° La *division du travail ;*

5° L'*outillage,* etc.

Conditions de la bonne qualité du travail.

a. — Une rémunération croissant avec la productivité. — L'homme est ainsi fait, on ne peut le nier, que le meilleur excitant au travail et au soin est l'intérêt. Non seulement on travaille mal pour autrui quand cet autrui est un exploiteur, mais c'est une infime minorité que le nombre des hommes travaillant d'une façon désintéressée aussi bien que quand ils sont soutenus par l'intérêt de leur famille et leur intérêt propre.

La main-d'œuvre servile, abandonnée en bonne partie à cause de son caractère peu productif, était déjà reconnue par les Anciens comme inférieure de beaucoup à la main-d'œuvre libre et intéressée. Et de même, au point de vue économique, sinon au point de vue social, il y a supériorité du travail aux pièces (tant qu'il n'est pas excessif) sur le travail au temps ;

b. — La concurrence ; elle force à un travail mieux réglé ;

c. — Le libre choix de son métier ; on fait mal ce qu'on fait par contrainte ;

d. — L'habileté professionnelle, par apprentissage ou autrement ; la division du travail y aide ;

e. — La modération dans le temps du travail quotidien et dans la continuité du travail. L'effort trop longtemps ou trop constamment prolongé amène une fatigue qui peut nuire au rendement plus qu'un certain abaissement du temps de travail. Et c'est ainsi que certains ateliers obtiennent des résultats meilleurs avec un nombre d'heures raisonnable, des jours de repos et des congés, et il en est de même des conditions d'air, de lumière, de propreté qui peuvent rendre le travail moins pénible ou plus gai.

Nous pouvons ajouter qu'un travail trop longtemps excessif peut ruiner la vigueur de la race, compromettant ainsi sa force de production pour l'avenir. Et c'est à ce point de vue que les **lois protectrices** des adultes, et surtout **des femmes et des enfants** se rattachent à l'Économie politique. Nous les avons vues à propos du *Louage de travail* en *Droit usuel* (v. p. 34).

Apprentissage. — Il est en décadence, pour plusieurs raisons : peu d'entrain des petits patrons à se créer à eux-mêmes des concurrents ; désir fréquent des parents de voir l'enfant gagner le plus tôt possible (ce qui est fâcheux, car les métiers où il n'y a pas d'apprentissage sont forcément peu lucratifs); hostilité de certains groupements ouvriers : pour faire hausser le prix de la main-d'œuvre, ils pensent qu'il faut raréfier le nombre des travailleurs capables. La puissance publique ou des collectivités réagissent par la création de l'*enseignement professionnel;* supérieur à certains points de vue, il ne remplace pas entièrement à d'autres l'enseignement pratique individuel d'autrefois.

(Fin de la 4ᵉ leçon [1].)

CINQUIÈME LEÇON

III. — Capital.

Dans la théorie que nous étudions en ce moment, on réserve ce nom, à une certaine partie seulement des richesses

1. **Questions** : Puisque la division est bonne, pourquoi ne la pousse-t-on pas plus loin qu'on ne le fait ? — Reproches faits à l'emploi des machines, et appréciation de chacun d'eux. — Bienfaits de cet emploi. Qu'est-ce qu'on entend par travail productif ? — lucratif ? — Quelles sont les conditions de productivité du travail humain en général ? — de chaque homme en particulier, c'est-à-dire de la bonne qualité du travail ? — Décadence de l'apprentissage.

(les deux mots ne sont donc pas synonymes); il ne désigne pas celles que l'on a épargnées soit en vue des consommation et usage personnels ou familiaux (provisions de ménage, maison d'habitation, etc.), soit en vue du prêt à l'Etat, ou à d'autres emprunteurs qui ne cherchent pas le profit (ce sont des « placements » ou épargnes quelconques); il s'agit seulement de celles que l'on fait valoir dans le commerce ou l'industrie.

Le Capital est né le jour où l'homme primitif trouvant une pierre coupante l'a ramassée et gardée comme outil de travail. Il a singulièrement prospéré depuis.

Dans la société d'aujourd'hui il est immense, comprenant :

Les améliorations données au sol au point de vue de la culture, ses clôtures pour bestiaux, les ouvrages d'irrigation ou de desséchement, les hangars et autres locaux d'exploitation ;

Les fermes, les machines et outils (et on voit quel capital énorme ils constituent) ;

Les matières premières amassées en vue de leurs transformations de toutes sortes ;

Les inventions en voie d'exploitation pratique, etc.;

Et enfin, le capital auquel la langue courante donne plus spécialement le nom de *capitaux,* la monnaie : qui est en effet en économie politique un *capital,* par exemple en tant qu'instrument de la circulation des richesses.

Capital fixe. Capital circulant. — Le *capital fixe est l'ensemble des capitaux qui peuvent servir à un nombre plus ou moins considérable d'actes de production:* les machines, les locaux où l'on travaille, le chemin de fer qui emporte les produits, les tunnels, les ponts, etc.

En tout cela rien ne s'use très vite; cependant rien non plus n'est éternel, tout exige de temps en temps des remplacements, surtout les machines qui, au bout de peu d'années, à notre époque de perfectionnements rapides, ne peuvent plus lutter contre les machines nouvelles. L'entrepreneur a donc, en ce qui les concerne, à recouvrer sur chacune de ses ventes une somme telle qu'il puisse mettre de côté de quoi les remplacer quand elles ne seront plus bonnes, par exemple

en gros chaque année un dixième de leur valeur, s'il pense
qu'il pourra les conserver dix ans ; c'est l'*amortissement*
Une des supériorités que l'on prête, à tort ou à raison, aux
Américains, est de se contenter de machines moins finies à
l'œil, et moins coûteuses, mais qu'ils mettent de côté au premier perfectionnement trouvé.

Le *capital circulant* est au contraire l'*ensemble des capitaux qu'il faut remplacer après chaque acte de production*,
soit parce qu'ils sont entrés dans la composition du produit
nouveau (la laine par exemple qui fait la pièce de drap),
soit parce qu'ils ont été consommés par la fabrication, la
houille qui a été brûlée, l'huile qui a graissé les machines,
l'argent avec lequel on a payé ouvriers et employés pendant
la fabrication, etc. Le prix de chaque produit doit être cal-
culé de façon à comprendre parmi les frais de production,
l'intégralité de la valeur des capitaux sacrifiés à la naissance
du produit.

Association du Travail et du Capital.

Association veut dire ici coopération, et non association
dans le sens juridique du mot.

Le Capital s'associe d'ordinaire au Travail sous forme
d'outils, de machines, de locaux aménagés en vue du travail,
et de capitaux-argent nécessaires pour l'achat des matières
premières, le paiement des salaires, etc.

Quelquefois ce capital appartient au travailleur lui-même.
C'est ce qui arrive à l'outil, propriété de l'ouvrier ; c'est ce
qui se rencontre souvent aussi dans la petite industrie, où le
maître de l'atelier travaille lui-même avec ses ouvriers,
et à l'aide de machines modestes acquises sur ses épargnes,

Mais de plus en plus souvent, il y a ce qu'on appelle au
sens spécial du mot, *entreprise*.

Entreprise. — Dans la langue courante et la langue juridique l'entreprise est, nous l'avons vu, toute organisation
montée en vue de gagner non plus par son seul travail, mais
surtout par celui du personnel et de l'outillage que l'on fera
coopérer à l'œuvre. En ce sens tous les fonds de commerce

possédant des employés, tous les ateliers avec ouvriers, toutes les manufactures et fabriques sont des entreprises.

En langage d'économiste l'*entrepreneur* est bien encore le maître d'une affaire, celui qui veut gagner plus que par son travail personnel, et qui en revanche garde à sa charge les risques de perte ; seulement, dans un sens tout à fait technique, le nom est réservé à celui qui, n'ayant pas à lui les forces ou les capitaux nécessaires à la production projetée, les emprunte, sauf à payer des salaires et des intérêts.

Comme type de l'entrepreneur on cite souvent l'homme qui, sans même louer de locaux, fait des commandes à des artisans travaillant en chambre, les rémunère à prix fixés d'avance, et tâche de gagner en revendant les produits plus cher.

Mais toutes les sociétés de commerce et d'industrie sont des entrepreneurs, puisque, si elles apportent à l'œuvre projetée tout ou partie des capitaux nécessaires, elles sont en tous cas forcées de recourir à la main-d'œuvre salariée, tout en conservant pour elles les chances de gain et de perte.

Rôle économique de l'entreprise. — Il est de premier ordre. L'entrepreneur est la cheville ouvrière de l'industrie ; c'est lui qui, par son initiative, se procure capital des uns, travail des autres, offre des placements au premier, des embauchages au second, et effectue l'association de ces deux agents qui sans lui seraient non employés.

Loi de concentration. — Le développement de l'entreprise et de l'entreprise montée par actions semble être une véritable loi économique, que certains auteurs appellent la *loi de concentration*.

L'homme a dû débuter par le travail en famille produisant tout ce dont le groupe avait besoin ; mais dès la plus haute antiquité ont commencé à apparaître les métiers avec artisans spécialisés échangeant leurs produits contre ceux des autres ; puis s'est développée l'*entreprise* des hommes d'initiative s'occupant spécialement de chercher des débouchés, faisant travailler, contre rémunération fixe, un certain nombre de travailleurs à domicile, leur fournissant les matières premières au besoin, et gagnant sur la vente des produits fabriqués par eux ; vers le xvie siècle ont commencé à se développer les *manufactures* avec le travail dans un local commun, travail mieux organisé économiquement sous la direction et la surveillance du maître de l'affaire ; puis les moteurs mécaniques s'y sont introduits et on a eu la *fabrique* et l'*usine*, que la concurrence force à s'outiller de façon toujours plus puissante, car jusqu'à des limites encore indéterminées, les frais de l'action de la machine n'augmentent pas en raison de sa puissance, tout au contraire ; le cheval-vapeur par exemple coûte, d'après des spécialistes, de 4 à 5 centimes par heure avec de petites machines, de 1 à 1/2 centime pour les très puissantes.

Forme actuelle principale de l'association du Capital et du Travail. — Cette tendance à se procurer des outillages de plus en plus puissants et des débouchés de plus en plus étendus, jointe aux risques de toute création industrielle ou commerciale, fait d'une part que les entreprises exigent des capitaux de plus en plus considérables, et d'autre part qu'elles les trouvent difficilement auprès de capitalistes isolés, et que par suite elles·se montent de plus en plus par actions. La **société par actions**, surtout l'**anonyme**, devient ainsi l'entrepreneur par excellence.

Résultats sociaux de la concentration. — Avec la *société par actions* il se produit une vraie scission entre les associés qui n'interviennent que de temps à autre par leurs assemblées d'actionnaires, et les employés et ouvriers à salaires fixes ; elle crée ainsi deux classes sociales s'ignorant l'une l'autre, celle des *capitalistes* et celle des *travailleurs*, et on arrive à ce résultat paradoxal que l'association du Capital et du Travail, en permettant la grande industrie et amenant le développement des sociétés par actions, est la cause de ce que l'on appelle couramment la *séparation du Capital et du Travail*, c'est-à-dire des capitalistes et des travailleurs.

Toutefois la société par actions demandant son capital au grand public, la petite épargne elle-même peut en fournir sa part, et la partie du monde du Travail qui a pu arriver à cette épargne entre alors dans le monde du Capital. La *société anonyme* peut par là regrouper sous une forme nouvelle les différents coopérateurs de la production.

Grande et petite industrie. — La ligne de démarcation est difficile à tracer. Tout ce que l'on peut dire c'est que la grande industrie comprend toutes ces entreprises qui, recherchant des débouchés très étendus, et montées pour la production en grand, ont en général une direction distincte du travail d'exécution et un capital souscrit par actions.

La petite industrie est l'ensemble de toutes ces entreprises dont le maître, se contentant des débouchés locaux, travaille lui-même avec l'aide d'un petit personnel et d'un capital fourni par ses propres épargnes.

La petite industrie se défendra toujours contre la grande en raison de sa souplesse de travail, apte qu'elle est aux productions que le machinisme de l'autre ne peut donner, mais semble devoir être remplacée pour tout ce qui peut se faire en nombre considérable d'exemplaires.

Au point de vue économique et social toutes deux ont leurs avantages et inconvénients ; la petite industrie sépare moins que l'autre le patron et l'ouvrier, et fait d'eux de vrais collaborateurs qui peuvent se connaître et s'apprécier ; en revanche la grande entreprise, avec sa puissance de production, peut davantage relever les salaires, réduire le temps de travail, faire des sacrifices pour le bien-être de ses ouvriers ; montée par actions et propriété d'une personne qui ne meurt pas, elle offre aussi des situations plus sûres comme durée.

Grand et petit commerce. — Dans le domaine du commerce la tendance est de même aux grands magasins, c'est-à-dire ceux qui concentrent en eux des genres de commerces d'ordinaire distincts et dans lesquels aussi le maître de l'entreprise n'a qu'un rôle de directeur. Jusqu'à un certain chiffre d'affaires tout au moins ils réalisent, par rapport aux petits magasins, des économies considérables par l'occupation incessante de leur personnel, l'utilisation constante de tous leurs locaux, l'enlèvement plus rapide des marchandises et par conséquent la diminution de l'argent dormant, etc.

(Fin de la 5ᵉ leçon [1].)

SIXIEME LEÇON

Trusts et Cartels. — La loi de concentration, en réduisant le nombre des entrepreneurs qui comptent dans chaque branche de l'industrie, a rendu possible ce qui était plus que difficile quand ils étaient nombreux, leur entente contre la trop forte concurrence et la surproduction ; d'où les *trusts* et *cartels*, dont l'origine américaine et allemande explique les noms anglais (trust) et allemand (kartell).

Le **cartel** est une *entente* (« charte », contrat) *entre gros entrepreneurs maîtres de la production* et par laquelle ils délimitent leurs zones d'action, ou se fixent à chacun un maximum de production, établissent des prix qu'on ne pourra réduire, etc. Elle a le défaut de supprimer la concurrence, et l'avantage d'empêcher les surproductions et les chômages qui en sont la conséquence forcée.

Le **trust** le plus usuel aujourd'hui, imaginé par les grands producteurs américains pour tourner des lois contre les coalitions, est un *contrat par lequel un certain nombre d'entreprises de la même branche d'industrie fondent ensemble une société à laquelle elles cèdent chacune la majorité de ses*

1. **Questions** : Qu'est-ce que l'on entend par Capital ? Est-ce la Richesse ? — Exemples de ce que contient le Capital. — Qu'est-ce que le capital fixe, le capital circulant ? — Qu'est-ce que l'amortissement ? Qu'est-ce que l'on entend par Association du Travail et du Capital ? L'expression a-t-elle le même sens qu'en Droit ? — Qu'est-ce que l'Entreprise dans le langage du Droit ? — dans celui de l'Economie politique ? — A-t-elle un rôle important dans la production de la Richesse ? — Quelle est la tendance que l'on appelle loi de concentration ? — La montrer dans l'histoire humaine. — Comment se fait d'ordinaire en Droit, actuellement, l'association du Capital et du Travail ? — Rappeler la différence qui existe entre les actions et les obligations — Qu'est-ce que l'on entend par grande et petite industrie ? — grand et petit commerce ?

propres actions, de sorte que cette société est en réalité maîtresse de toutes ces entreprises dont l'individualité n'est plus qu'apparente. Si dans cette société un capitaliste a lui-même des capitaux particulièrement considérables il devient le « roi » de toute une branche de la production. Tout le monde connaît ces trusts et rois du pétrole, de l'acier, etc.

Ils ont leurs bons côtés par l'outillage d'une puissance inouïe qu'ils se donnent, l'économie qu'opère la suppression des frais de concurrence, de réclame, de commis-voyageurs, etc., l'honnêteté ordinaire (il y a des exceptions) de leur fabrication qui n'a pas besoin de petits gains frauduleux, la fixité de leurs prix, etc. En revanche ils écrasent toute concurrence et mettent aux mains de leurs chefs une puissance vraiment terrible, qui n'est pas sans inquiéter le gouvernement américain.

En France, le trust ne fonctionne pas ; les cartels commencent, mais certaines coalitions sont défendues.

Coalitions défendues en France. — Longtemps les masses, lorsque le blé, pour une raison ou pour une autre, devenait rare, en accusaient l'*accaparement*. Le « pacte de famine » est, en effet, resté célèbre. De telles ententes étaient en réalité assez rares ; le blé est précisément une des marchandises qu'il est le plus difficile d'accaparer d'une façon occulte en raison des locaux et des soins qu'en exige la conservation en masse, ou la surveillance chez le producteur, si on lui en laisse la garde. Les accapareurs eussent donc été faciles à connaître, et on en a peu connu. Le législateur n'en a pas moins été amené à prendre (art. 419-420, Code pénal) des mesures contre toutes les manœuvres qui, par de faux bruits répandus dans le public, par des offres de prix au-dessus des cours, par des coalitions entre détenteurs d'un certain genre de marchandises s'engageant à ne pas vendre au-dessous d'un certain prix, auront fait hausser ou baisser le prix de marchandises de façon factice, c'est-à-dire au delà de ce qu'eût fait la concurrence naturelle ; et la punition est particulièrement forte (prison de 2 mois à 2 ans, et amende de 1.000 à 20.000 francs), s'il s'agit de grains, farines, vin ou boisson quelconque.

La jurisprudence admet que cet article ne frappe pas

8.

l'entente entre producteurs à l'effet de limiter simplement ou
de régler la quantité de marchandises à produire ou mettre
en vente, sans manœuvres pour peser sur les prix. C'est ainsi
que sous le nom de *Comptoir de Longwy* fonctionne en
Meurthe-et-Moselle, avec approbation de la jurisprudence,
une société composée des producteurs de fonte de la région,
par laquelle ils se sont engagés à ne pas vendre en principe
directement, le Comptoir devant recevoir seul les commandes,
conclure les marchés, fixer par conséquent les prix, et répartir
entre ses membres les livraisons à faire. Les producteurs ne
peuvent vendre eux-mêmes qu'à l'étranger et seulement ce
que le Comptoir ne leur prendrait pas.

Grande et petite culture. — En matière de culture la tendance
n'est pas à l'augmentation d'étendue des domaines, tout au contraire ; elle est à l'*industrialisation* de la culture ; c'est-à-dire :

1º L'emploi des machines pour remplacer la main-d'œuvre
humaine ou la traction animale ; toutefois le progrès est plus
lent ici que dans l'industrie en raison du morcellement des
terres qui gêne le jeu efficace des machines, et de la variation
des travaux de saison en saison qui fait que chaque machine
sert seulement quelques jours par an ;

2º La tenue d'une comptabilité (qui est assez délicate à organiser) ;

3º L'application des données de la science en matière d'engrais, de choix des semences, de lutte contre les maladies des
végétaux, du bétail, du vin, etc., l'accumulation, sur de petits
espaces, de capitaux qui leur font produire plus que de grands
espaces ne produiraient sans eux ; on finit par faire du sol
un composé chimique singulièrement différent de la terre
ordinaire, mais plusieurs fois plus fertile. (Toutefois le progrès ici encore est entravé par la *loi du rendement non proportionnel* : à partir de certaines limites, il faut tripler ou
quadrupler les frais pour doubler la production, et pour la
tripler il faudrait peut-être des frais 20 ou 30 fois plus considérables.)

C'est la culture ainsi organisée que l'on appelle la *grande
culture* même avec des domaines moyens.

Elle exige un fonds d'expérience commune encore peu développé chez nous, et donne lieu à bien des maladresses ; c'est ce qui fait que la petite culture se défend contre elle, quelquefois avec avantage.

Associations coopératives agricoles. — On prend peu à peu l'habitude de l'entente entre propriétaires de la même région pour l'achat en commun, au prix du gros, des instruments aratoires, semences, engrais, etc. ; pour l'assurance mutuelle contre l'incendie, les épizooties, la grêle, etc. ; pour la fabrication et la vente en commun des produits qu'un seul domaine peut difficilement bien fabriquer et écouler, beurre, fromage, fruits, etc. Les sociétés de ce genre qui se sont formées par exemple en Danemark ont enlevé bien des marchés, en particulier anglais, au beurre, aux œufs, aux fruits de France. Et il est certain qu'en bien des pays de vignobles, les petits propriétaires, mal outillés pour faire du bon vin, auraient intérêt à s'entendre pour la vinification et la vente en commun. Une loi de 1906, pour activer le développement chez nous de semblables sociétés, leur accorde des moyens d'emprunter à l'État dans des conditions très favorables.

Conflits entre le capital et le travail.

Quelque féconde que soit leur association, ils sont rarement en parfait accord ; et ce sont en réalité les nécessités de la lutte des ouvriers contre le patron ou l'entrepreneur et de l'entrepreneur contre les ouvriers qui ont créé les *syndicats professionnels* les uns *ouvriers*, les autres *patronaux*, et donnent lieu à ces incidents de güerre qui sont les grèves et les lock-out.

Syndicats ouvriers. — Ils permettent à leurs membres de s'entendre soit pour obtenir d'un patron des conditions de travail ou un salaire meilleur, soit pour soutenir un d'entre eux contre un congé que les autres jugent immérité. Ils peuvent même, s'ils réunissent une forte partie du personnel ouvrier, conclure avec un patron ce qu'on appelle un **contrat collectif**, c'est-à-dire convenir avec lui des conditions auxquelles se fera tout embauchage d'ouvrier, traitant ainsi au nom de tous; ou bien faire admettre des **commandites** On appelle ainsi le régime sous lequel un groupe d'ouvriers s'engage envers le patron à lui faire son travail pour telle somme, sauf à s'arranger entre eux comme bon leur semble pour le faire. Le syndicat peut prendre de ces engagements et fournir des hommes.

Du reste les syndicats ne sont pas exclusivement des ententes de guerre, ils peuvent aussi fonder au profit de leurs membres des bureaux de renseignements ou de placement.

Ils existent dans tous les pays d'Europe et ont pris en Angleterre le nom de *Trade-unions* (unions de métier) ; longtemps étrangères aux métiers qui exigent peu d'apprentissage (par exemple à celui de chargeur et déchargeur des docks), ces unions existent maintenant aussi dans ces métiers, et y ont pris un caractère plus socialiste que chez les premiers.

En France, ils n'existent légalement, nous l'avons vu, que depuis 1884, date à laquelle ils constituaient des associations privilégiées, puisque les autres ne pouvaient se former sans autorisation et n'avaient en rien la personnalité morale. Ils ont pour condition toutefois (sous peine de devenir de simples associations qui sont moins bien traitées à certains égards) de n'admettre comme membres que des ouvriers de même profession et semblent défendus entre fonctionnaires, quoiqu'en fait, depuis quelques années, l'administration ferme les yeux sur la transgression de cette règle.

Fédérations. Bourses du Travail. — Les syndicats à leur tour peuvent se grouper en unions qu'on appelle *fédérations* lorsqu'elles ont lieu entre syndicats de même profession ou de la même catégorie d'industries (par exemple la Fédération des travailleurs du Livre), ou *Bourses du travail* entre syndicats ouvriers quelconques de la même circonscription territoriale. La *Confédération générale du Travail* (C. G. T.) ne compte actuellement que le tiers des syndiqués, ou 7 p. 100 de la population ouvrière.

Moyens d'action de ces syndicats et groupements. — Ce sont :

a. — Contre les patrons : l'*aide pécuniaire donnée aux grévistes* dont la grève est approuvée ;

La *grève par échelons* ou *grève tampon*, grève des ouvriers de toutes les usines les unes après les autres, les ouvriers des usines non fermées aidant de leurs salaires ceux des usines atteintes par la grève, de manière à avoir raison des patrons un à un ;

La *discipline* avec laquelle les membres obéissent aux *mots d'ordre* venus de leurs comités, par exemple de cesser le travail tous ensemble à tel moment donné ;

La *mise à l'index* d'un patron, ou défense à tous les syndiqués de travailler chez lui ;

La *recommandation des produits* émanant des maisons qui acceptent les conditions voulues par les syndicats, recommandations sous forme par exemple d'une certaine marque sur ces produits (*label*).

b. — Contre les membres qui rejettent cette discipline et les non-syndiqués : le *refus de travailler* chez les patrons qui en emploient.

Tous ces moyens sont légitimes à tous points de vue, même le dernier ; il est, en effet, inadmissible, si la grève était faite à bon droit, qu'un ouvrier en profite après n'en avoir pas subi les charges.

A ces moyens d'action légaux s'en ajoutent malheureusement d'autres qui le sont moins ou même arrivent au crime : les *violences* contre les ouvriers qui veulent travailler ou contre les usines des patrons, le *sabotage*, la *grève des « bras croisés »*, ces derniers modes d'action particulièrement illégaux et d'ordinaire hypocrites et malhonnêtes, puisque l'ouvrier touche un salaire pour un travail qu'il ne fait pas ou fait mal, etc.

Syndicats patronaux. — La création de ces syndicats a répondu à celle des autres ; en 1906, en France, pour la première fois, à l'imitation de ce qui se passait en Angleterre et ailleurs, ils ont adopté la pratique du *lock-out* collectif quand ils se voient menacés par une *grève tampon*. Contre la manœuvre que constitue cette dernière, les patrons prennent les devants en fermant ensemble leurs usines.

Effet de ces conflits. — Tous ces procédés de guerre peuvent amener la victoire d'un des adversaires ou des concessions mutuelles ; mais il est toujours déplorable que le résultat atteint, s'il est bon, n'ait pu être obtenu à l'amiable. Il est rare qu'une grève ne soit pas une perte et souvent une perte irréparable pour le travail national. Certaines grèves de .« dockers » en particulier ont été précieuses pour des ports étrangers au détriment définitif de nos ports commerciaux.

(Fin de la 6ᵉ leçon ¹.)

1. **Questions** : Qu'est-ce qu'un cartel ? — un trust ? — Quelles sont les coalitions de producteurs défendues en France ? — celles qui le sont sous des peines particulièrement fortes et pour quelle raison historique?

Qu'est-ce que la grande et la petite culture ? — Des associations coopératives agricoles.

A quelles institutions ont donné lieu les conflits entre travailleurs et patrons ? — Rappeler la particularité que présentent en Droit les syndicats par rapport aux associations quelconques. — Qu'est-ce que le contrat collectif? — la commandite? — Quels sont les moyens d'action légaux des syndicats ouvriers ? — des syndicats patronaux? — Où s'arrête légalement le droit de grève ou de lock-out ? — Valeur économique de tous ces moyens.

II

RÉPARTITION DE LA RICHESSE

C'est un fait constaté que chez tous les hommes, abstraction faite d'une élite infiniment petite, la perspective d'une jouissance, c'est-à-dire d'une rémunération, est le seul excitant à la production de la richesse. C'est donc une condition de cette production et du progrès humain, que la rémunération des divers agents de la production.

Un d'eux, il est vrai, *la Nature*, peut sembler au premier abord ne rien réclamer. Mais il faut se rappeler qu'elle est rarement tout à fait « nature ». Quand elle est productive, c'est qu'elle a été aménagée, transformée plus ou moins par le travail humain ; or, ce travail ne se produirait pas, s'il ne pouvait compter sur une rémunération ultérieure.

Le Capital, lui aussi, n'aurait pas été épargné, l'homme n'aurait pas produit la richesse, ou l'ayant produite, il ne l'aurait pas mise de côté s'il n'avait pu compter sur une compensation dans l'avenir.

Enfin ce qu'on appelle *le Travail*, c'est-à-dire le travail nouveau, autre que le travail ancien incorporé dans la Nature ou dans le Capital, demande expressément une rémunération, et elle ne peut être la même pour le travail d'exécution et pour le travail d'entreprise. Ce dernier suppose des hommes d'initiative consentant à risquer leurs ressources déjà acquises, leur tranquillité morale, leur situation sociale, mais à la condition d'avoir, en revanche, la chance de gains supérieurs à la rémunération ordinaire.

De sorte que, dans la richesse produite, les lois économiques font qu'il y a forcément quatre parts à faire pour les quatre espèces du travail, celui qui est incorporé dans la

Nature (part de la Nature), celui qui est incorporé dans le *Capital* (part du Capital), celui de l'*Entreprise*, celui du *Travail proprement dit.*

Un partage bon économiquement est nécessaire au point de vue social ; c'est une chose essentielle pour un peuple que d'avoir de la richesse en quantité suffisante aux mains de tous ; il est aussi nécessaire au point de vue économique, pour deux raisons : 1° parce qu'un agent mal rétribué ne s'offre pas, disparaît ou fonctionne mal, au détriment de la production ; 2° parce que si une classe sociale est mal partagée, elle ne consomme pas normalement, et enlève du jeu au Travail et au Capital.

Part de la nature.

La part dite de la Nature, c'est la propriété individuelle. Certains peuples ont soustrait à l'appropriation individuelle certaines parties de la surface terrestre, des terrains de pâturage, des cours d'eau, une certaine étendue des rivages de la mer, etc. ; mais, ces exceptions mises à part, tous ont considéré la nature comme faite pour que chaque homme, dans ce qui n'a encore été « approprié » par personne, prenne ce dont il a besoin ; sous l'action des forces naturelles, toutes les nations en se civilisant ont reconnu le travailleur comme maître de la matière première dont il a fait une richesse, du sol dont il a fait un champ et excité, sinon créé, la force végétative, de la chute d'eau qu'il a aménagée pour y plonger ses palettes, etc.

Son droit sur cette nature, c'est *partout* la propriété absolue, *transmissible* et par conséquent *héréditaire.*

Critique de la propriété. — La légitimité d'un tel droit a été contestée ; on a dit qu'il devrait embrasser le produit entier du travail, mais rien de plus.

Les questions de légitimité sont des questions de Droit naturel, non d'Économie politique. Observons seulement qu'un tel axiome ne peut être une règle pratique : on ne réfléchit pas que ce produit du travail, c'est précisément tout le nouvel objet ou le nouvel agent créé ; le résultat du travail du modeleur, c'est le vase ou la statue ; celui de la mise en culture, c'est le champ ; celui de l'aménagement de la chute d'eau, c'est cette chute même sous sa forme nouvelle. Comment, en ces trois créations, séparer la matière et la forme ? Comment, dans les molécules de la terre du champ, séparer ce qui vient de l'engrais, de la mise à l'air par la culture, etc., et ce qui est la composition chimique primitive ?

Du reste, sans la sécurité de l'avenir pour les siens et pour lui, jamais le travailleur n'aurait donné le long effort nécessaire pour tout ce qui dépasse les besoins de la vie au jour le jour. La civilisation n'aurait pu naître ; on en serait encore à la cueillette des baies et fruits sauvages et à la chasse.

L'hérédité, quelque légitime qu'elle semble en droit naturel, puisque chacun a le droit de faire de sa chose ce qu'il veut et doit être présumé la laisser à ses descendants, a un gros inconvénient économique ; c'est qu'elle permet aux enfants du « riche » de vivre sans travail, et il y a là une perte pour la richesse générale. Dans la réalité des choses, ces oisifs sont une infime minorité ; ils vivent d'ailleurs, non du travail de tous, comme on le dit quelquefois, et en parasites, mais du travail épargné et emmagasiné par leurs parents, ce qui les regarde, et il y aurait inconvénient plus grave encore, en rompant avec le Droit à la transmission, d'arrêter la production, non plus de quelques-uns, mais de la généralité des hommes.

Conditions auxquelles la propriété est une rémunération. — Elle n'en est pas une par elle-même. Peu importe d'être propriétaire, si la propriété ne donne pas par elle-même une jouissance qui rémunère le travail ancien.

Cette jouissance sera :

pour les objets mobiliers l'utilité qu'ils fournissent ;

pour les biens immobiliers d'agrément, celle que procure le fait d'y habiter ou de les voir ;

Mais pour les biens d'exploitation, le travail incorporé dans la nature *ne sera rémunéré que si on peut en tirer un revenu sans travail nouveau, ou si, les exploitant, on en tire un revenu supérieur au salaire de ce travail nouveau.* Si, par exemple, je ne puis tirer parti de ma terre qu'en la travaillant et qu'ainsi travaillée elle me rapporte ce que me rapporterait mon travail loué à autrui, en réalité elle ne me rapporte rien, et le travail qui y est incorporé continue à rester sans rémunération.

Cette dernière ne se produit donc que dans deux cas, celui de *rente* et celui de *fermage*.

Rente. — L'idée de ce qu'on appelle en économie politique la *rente* (qu'il ne faut pas confondre avec ce qui est la *rente foncière* en droit civil) vient de l'économiste Ricardo. D'après lui les hommes, à l'origine de la culture, ont pris d'abord les meilleures terres. Chacun d'eux, dans les échanges, tirait de ses produits juste la valeur du travail qu'ils avaient coûté, car s'il avait voulu élever ses prix sous prétexte de propriété, les consommateurs auraient travaillé eux-mêmes d'autres terres puisqu'il y en avait encore à prendre.

Mais lorsque la population fut devenue plus dense, il a fallu se mettre à cultiver des terres de moins bonne qualité ; les cultivateurs de ces terres étant obligés de se faire payer au moins leur travail, et les consommateurs étant bien obligés d'en passer par là sous peine de disette, le prix des produits s'est élevé puisqu'ils exigeaient un travail plus considérable, mais le prix d'un produit sur le marché est uniforme (*loi d'indifférence*), les acheteurs ne s'occupent pas de savoir si telle chose en particulier a coûté plus de mal que la chose semblable d'à côté ; les propriétaires des bonnes terres ont donc eu plus que la rémunération de leur propre travail ; dans le nouveau prix de vente, il y avait pour eux de la **rente**, un revenu fourni non par leur travail nouveau, mais par la richesse de la terre, et cette rente a crû avec la nécessité où ont été les hommes de cultiver des terres de moins en moins fertiles. Si par exemple, une terre rapportant 3.000 francs, une autre avec le même travail en rapportait 4.000, parce qu'elle était meilleure, il y avait rente de 1.000.

L'hypothèse de Ricardo est fausse. L'homme a certainement commencé non par les terres les plus riches, mais par les plus faciles à exploiter avec des outils primitifs, et ce ne sont pas les plus productives. Son idée reste toutefois exacte en ce que, dans l'état actuel des choses, le même produit se vend le même prix, qu'il soit issu d'une terre ou d'une autre avec plus ou moins de travail ; la bonne terre donne donc une rente. Seulement ce qu'il faut ajouter aussi, c'est que les bonnes terres ne sont pas forcément celles qui ont été les meilleures dès l'origine de l'humanité ; leur fertilité vient d'ordinaire du travail qui s'y est incorporé, et la prétendue *rente de la terre* est en réalité la rémunération de ce travail. Elle n'est vraiment gratuite et sans mérite antérieur que si elle vient de causes de plus-value accidentelles, construction d'un chemin de fer dans le voisinage, etc.

Il ne faut pas confondre avec cette notion de la rente une notion qui en est très voisine : il est clair que le travail de l'homme est plus facilement productif dans les pays mieux doués pour une certaine production par leur climat ou la composition de leur sol ou de leur sous-sol ; il jouit alors d'une espèce de rente par rapport aux producteurs moins favorisés, mais ce genre d'avantages sont toujours compensés par des inconvénients et défectuosités de ces mêmes climat et sol à d'autres points de vue, ne permettent pas le revenu dans l'oisiveté, et amènent seulement la division territoriale du travail.

Fermage. — Nous savons en quoi il consiste. On a dit quelquefois que normalement il tend à équivaloir à la rente. Car s'il est supérieur, il enlève au fermier une partie de ce qui, dans le revenu, est dû à son travail, et sachant qu'il gagnera plus ailleurs, ce fermier n'acceptera pas. Si, au contraire, le fermage est inférieur à la rente, le propriétaire, sachant que le fermier gagne plus qu'il ne gagnerait ailleurs par son travail, augmentera ses prétentions.

Mais quelle est la valeur du travail du fermier ? C'est surtout la loi de l'offre et de la demande qui agira en faisant rechercher soit les fermes par les fermiers, soit les fermiers par les propriétaires.

Défauts du fermage. — Le système du fermage est une des formes de l'association du Capital et du Travail. Il a toutefois, avec des avantages, deux défauts :

1° L'inconvénient de confier la culture à des travailleurs qui, n'ayant qu'un avenir restreint devant eux, ne pourront

faire sur le domaine les dépenses à profit lointain ; à ce point
de vue, le métayage à longue durée avec propriétaire et fermier intelligents et capables est supérieur ;

2° Cet autre défaut grave que le propriétaire ordinaire-
ment vit à la ville ; il y a *absentéisme*, l'argent tiré du sol
n'est pas dépensé *sur place*, et contribue au luxe et à l'attrait
de la vie urbaine, et à la dépopulation des campagnes.

(Fin de la 7° leçon [1].

HUITIÈME LEÇON

Part du travail.

Il s'agit ici du travail appliqué à la chose d'autrui ; car s'il
s'applique à la chose du travailleur lui-même, il n'y a pas de
question.

Il y a lieu de distinguer suivant qu'il y a ou non entente
entre le propriétaire et le travailleur.

I. Sans entente du propriétaire et du travailleur. —
On pourrait les rendre copropriétaires de l'objet, mais la copropriété serait moins une solution que le maintien du conflit
à l'état constant. Les usages qui se sont établis peu à peu
sous l'action des forces économiques ont créé l'*accession* la
spécification (voir *Droit usuel*, cours de 2° année, p. 149).
L'intégralité de l'objet nouveau est pour l'un, une indemnité
pour l'autre.

II. Au cas d'entente, on peut imaginer *a priori* plusieurs
combinaisons :

1. **Questions** : Dans la répartition de la Richesse, combien les lois
économiques doivent-elles forcément amener de parts ? — Que faut-il
entendre par les expressions : part de la Nature, part du Capital ?

La Propriété est-elle une invention de législateurs ou une création
instinctive des hommes ? — Quelle est la raison d'être économique de
la propriété ? — Son inconvénient. — Sa valeur pour la production de
la Richesse.

A quelle condition la propriété est-elle une rémunération du Travail ?
— Qu'est ce que la Rente ? — Quel est l'économiste qui en a dégagé
l'idée ? — En quoi son explication est mauvaise, et en quoi bonne ? —
Le fermage est-il toujours égal à la rente ? — Ses défauts.

Première combinaison : la *copropriété* du produit entre ses divers producteurs. Ce n'est jamais pratique et c'est d'ordinaire impossible :

a. — *Jamais pratique ;* comment jouir de la chose plusieurs ensemble ? et si l'un des copropriétaires veut en disposer, aura-t-il l'assentiment de l'autre ?

b. — *D'ordinaire impossible :* Prenons pour exemple l'industrie de la draperie : il y aurait copropriété de la laine entre le propriétaire du sol, le fermier, le garçon de ferme, les travailleurs successifs qui la préparent ; puis copropriété du drap entre tous les copropriétaires des laines employées et tous les coopérateurs de la fabrication du drap, les travailleurs qui ont extrait, transporté, fourni tous les éléments de la machine, la houille qui la fait marcher, etc., etc. Lorsqu'on arriverait enfin à vendre la richesse sous forme d'un vêtement, ce sont des milliers de copropriétaires qui auraient à s'en répartir le prix, après avoir attendu un temps indéterminé.

Deuxième combinaison : *ventes successives* de producteur à producteur, chacun travaillant ainsi sa proche chose, ce qui empêche de naître toute difficulté de répartition ; et, de fait, c'est ce qui se passe en partie, car le tailleur achète ses étoffes au fabricant de drap ; ce fabricant achète le fil déjà ouvré ; le fabricant de fil achète la laine au propriétaire. Seulement la question n'est pas résolue, parce que ces fabricants successifs et ce propriétaire n'ont pas travaillé seuls, et qu'à chacun de ces degrés successifs de production se pose la question de la part des travailleurs employés à chacune de ces œuvres.

Troisième combinaison : *société* du capitaliste et de l'ouvrier ; coopérant à la même production, ils coopéreront à l'administration de l'entreprise, aux achats des matières premières, à la vente, aux bénéfices ; mais alors l'ouvrier, pour être rémunéré, devra attendre cette vente et le paiement ; et participant aux profits, il participera aux pertes ; c'est précisément ce qu'il ne veut pas et ne peut pas accepter.

Quatrième combinaison. — De là une quatrième combinaison à laquelle on est arrivé d'instinct : le **salaire**, et ce que l'on appelle le **régime capitaliste**.

Salaire. — On considère volontiers le travail comme une marchandise, et le salaire comme en étant le prix. Ce dernier est en tout cas une certaine somme d'argent ou de denrées qu'un entrepreneur promet en contreprestation du travail qu'on lui fournira, ou du temps pendant lequel on restera à son service.

Le salaire peut être fixé au *temps de travail*, au *temps de service*, ou à la *tâche ;* au premier cas il est suspendu par tout chômage, et par suite la situation pécuniaire de l'ouvrier doit être évaluée seulement d'après le *salaire moyen,* quotient de la division par 365 des salaires touchés pendant une année ; au deuxième cas, des clauses spéciales règlent la question du salaire pendant les chômages accidentels ; au troisième, il y a ce qu'on appelle travail *aux pièces.*

Taux du salaire. — Une prétendue loi économique nommée par un socialiste célèbre, Ferdinand Lassalle, la loi d'airain » et vulgarisée par le collectivisme, serait que *le salaire ne pourra jamais, sous le régime dit capitaliste, dépasser ce qui est strictement nécessaire à l'ouvrier pour vivre et élever quelques enfants.* La formule est fausse ; les faits sont là pour montrer que les salaires sont extrêmement variables d'époque à époque et de métier à métier. Or comme, pour vivre et élever des enfants, il ne faut pas davantage à l'électricien, par exemple, qu'à l'ouvrier en chaussures ou au petit employé, si la loi d'airain était vraie, tous les salaires seraient égaux.

Elle n'approche de la vérité que pour les travaux qui n'exigent aucun apprentissage et aucune aptitude spéciale. Pour ceux-là il y a toujours plus de candidats que de places à prendre, et par suite il se produit comme une sorte d'adjudication au rabais ; il y a, il est vrai, un niveau au-dessous duquel on ne descend pas, c'est celui du salaire juste suffisant pour vivre ; mais ce niveau du moins est atteint. Les professions qui exigent de l'apprentissage sont au contraire défendues par lui contre une trop grande concurrence dans la main-d'œuvre, et les salaires peuvent s'y élever beaucoup plus.

Le taux du salaire est donc surtout établi par la *loi de*

l'offre et de la demande (voir p. 164) ; mais dépend aussi
de causes très multiples, parmi lesquelles le sentiment de
dignité qui empêche l'homme de se louer à trop bas prix. Les
syndicats, avec leurs divers moyens d'action, et en particulier le contrat collectif, peuvent aussi beaucoup sur cette fixation.

Valeur économique des bons salaires. — Il faut souhaiter
l'élévation des salaires à la condition qu'elle s'opère dans tous
les pays civilisés à la fois. Autrement l'industrie nationale ne
pourrait lutter et les usines se fermeraient au détriment des
salariés eux-mêmes. Mais cette hausse dans la mesure du possible est désirable économiquement (même toute question
sociale mise à part). Une classe de salariés bien payés est une
classe qui se procure du confort, achète ce qu'elle ne pouvait
encore se permettre, pousse donc à la production, enrichit
les entreprises, et permet une rémunération meilleure du
capital.

Le meilleur agent de la hausse des salaires est la prospérité de l'industrie. Une menace de grève réussit presque toujours contre un patron qui gagne, en admettant même qu'il
faille aller jusque-là ; contre un patron qui joint juste les
deux bouts, elle est impuissante ou le ruine.

Juste salaire. — C'est une expression souvent employée.
On entend par là la somme quotidiennement nécessaire pour
faire vivre le travailleur de la façon dont doit vivre normalement un homme de son époque. Le juste salaire s'élève donc
à mesure que le confortable devient tellement habituel qu'il
se change en nécessaire. Toutefois l'expression ne signifie
pas grand'chose ; le coût de la vie varie en effet suivant que
l'ouvrier est chargé ou non de famille, et il est cependant
normal que chacun puisse, sauf à travailler davantage, élever
et nourrir tous ceux que la nature met à sa charge, femme,
enfants ou vieillards.

Salaire légal minimum. — C'est le salaire au-dessous
duquel le législateur défend de descendre Cette fixation a
des inconvénients :

1° Si le salaire légal est quelque peu élevé, il est supérieur à ce que le patron aurait pu donner aux ouvriers vieillis, ou trop jeunes, ou insuffisamment robustes, aux femmes par exemple, ou peu habiles, de sorte qu'il ne peut plus les embaucher du tout; et en Australie où ce salaire fonctionne il a fallu autoriser des salaires de « demi-ouvriers » ;

2° A de certains taux, il met l'industriel hors d'état de lutter contre la concurrence des pays où les salaires sont plus bas; pour arriver à un minimum élevé, il faudrait une entente internationale, et elle est toujours difficile parce que le prix de la vie varie de pays à pays et d'année à année et que des salaires nominalement égaux sont inégaux en réalité.

Le système appliqué avec prudence peut cependant rendre de grands services dans les industries où les patrons pourraient, avec plus d'activité et d'entente, gagner davantage; le salaire minimum les y force sans les ruiner.

Une variante du système, appliquée en Australie et en Angleterre pour certaines industries, est de faire fixer le salaire minimum pour chacune d'elles par des conseils de délégués des patrons et des ouvriers.

Salaire d'appoint. — C'est un salaire très bas, inférieur à celui qui est nécessaire pour vivre, et accepté par des travailleurs, d'ordinaire des femmes ou jeunes filles, qui, déjà entretenus par le salaire du chef de famille ou par des revenus quelconques, recherchent seulement un gain supplémentaire. Dans les travaux auxquels peuvent se livrer en particulier les femmes à domicile, travaux à l'aiguille, broderie, etc., ce salaire est un des plus gros obstacles que rencontre le relèvement des salaires à un taux normal.

Système capitaliste. — **Avantages de ce système.**
1° De même qu'il naîtra toujours des individus dépourvus de santé ou de force physique, de même il en naîtra toujours pour lesquels leurs ascendants n'auront pu ou su épargner. Or, à moins que l'on ne supprime la propriété, (et la chose ne pourrait se faire sans arrêt pour la civilisation), ceux-là, sans outillage sérieux, ne pourront soutenir la concurrence

contre les autres ; le salaire les sauve, et si ce salaire est élevé, ils pourront eux-mêmes arriver à l'épargne.

2° A la différence du bénéfice de l'entrepreneur et du capitaliste, le salaire ne présente *pas d'aléa*, à part le risque de la ruine complète de l'entrepreneur.

Ajoutons enfin que si le capitalisme était supprimé et que les outils de la production appartinssent à la collectivité, il n'est pas dit du tout que le profit du travail réorganisé fût supérieur à ce que peut être actuellement le salaire.

Inconvénients du capitalisme. — Il ne faut pas, bien entendu, confondre les inconvénients du salaire et ceux de la modicité excessive de ce salaire, pas plus qu'il ne faut porter au passif d'un outil le mauvais travail que l'on donne avec lui par maladresse. Mais, même assez élevé, le salaire a des défauts :

1° Il rémunère le travail intensif et habile *sur la base du travail moyen.* Il est donc décourageant pour les bons ouvriers et mauvais pour la production.

2° Quand il est à la tâche, il *pousse au trompe-l'œil*, au travail rapide mais bâclé (et au surmenage, mais tout ce qui est lucratif y pousse) ;

3° Il *n'intéresse pas le travailleur à la prospérité de l'entreprise ;* il le laisse en elle à l'état pour ainsi dire d'étranger indifférent quand il n'est pas hostile ; il sépare en classes qui s'ignorent le monde du salariat et celui dit du capital. Or ce monde du salariat est forcément une portion notable de toute nation travailleuse. Pour la France, on évalue à un peu plus de 17 millions de personnes la population qui vit des salaires (salariés et personnes qu'ils ont à leur charge, non compris les domestiques et les fonctionnaires et leurs familles). C'est évidemment une situation fausse économiquement que celle d'un pays où près de moitié de la population n'est soutenue dans son travail que par la crainte du renvoi, ce qui est triste, ou par la probité et la conscience professionnelle, excitants qui faiblissent forcément chez un certain nombre d'individus au grand détriment de la richesse générale ;

4° Les salaires se payant à des intervalles courts, la perspective de la paie prochaine *pousse facilement à des dépenses évitables*; de grosses sommes reçues de temps en temps donnent lieu plus aisément à la mise de côté, et par exemple à l'épargne en vue de la retraite. A part une élite, la classe salariée se maintient à l'état « prolétaire », vivant au jour le jour sans sécurité pour l'avenir.

5° Enfin le salaire n'augmentant pas avec l'âge, le travailleur *n'a pas cette espérance de jours meilleurs* qui fait prendre en patience la gêne actuelle de la vie.

Ce n'est donc pas encore une rémunération idéale du travail.

Certains de ces défauts pourraient être supprimés ou atténués par de plus fortes habitudes morales chez ceux qui sont en mesure d'épargner.

Des lois rendant obligatoire l'assurance contre la vieillesse et favorisant les assurances mutuelles peuvent aussi quelque chose.

Contre d'autres on propose la *participation aux bénéfices*.

(Fin de la 8e leçon) [1].

NEUVIÈME LEÇON

Participation aux bénéfices. — L'entrepreneur doit à ses ouvriers, en outre des salaires, une part des bénéfices quand il y en a. Ce système qui semble excellent rencontre des résistances diverses et cause des déceptions :

a. Dans les industries à prospérité variable, les patrons trouvent injuste de supporter seuls les pertes une année et d'avoir à partager les bénéfices une autre.

[1]. **Questions** : Quelles combinaisons pourrait-on imaginer pour bien rémunérer le travail ? — Pourquoi l'humanité est-elle arrivée d'instinct au Salariat. et par conséquent au Capitalisme ? — Qu'est-ce que la « loi d'airain » du salaire ? — Est-elle exacte ? — Quelles sont les forces qui font le taux du salaire ? — L'existence de bons salaires pour tous est-elle désirable non seulement au point de vue humain et social. mais au point de vue économique ? — Qu'est-ce que le juste salaire ? — Avantages et inconvénients du salaire légal minimum. — Inconvénient du salaire d'appoint. — Avantages et inconvénients économiques du Salariat.

b. Les patrons ne veulent pas avoir à montrer leurs livres pour prouver le chiffre de leurs bénéfices et surtout l'absence de bénéfice, ce qui ébranlerait leur crédit. Ils veulent, par suite, pouvoir fixer eux-mêmes la somme à répartir entre les ouvriers, d'où méfiance et protestations.

c. Il y a presque toujours déception pour les ouvriers, parce qu'un bénéfice qui suffit à enrichir en quelques années le patron seul, n'est plus grand'chose réparti en centaines ou milliers de parts.

d. Ceux des ouvriers qui n'admettent pas la propriété peuvent difficilement se prêter à un système fondé sur elle ; et surtout ils voient en lui un moyen pour les patrons d'augmenter l'intensité du travail de l'ouvrier sans augmenter les salaires en proportion.

Actionnariat ouvrier. — C'est une variante de la participation ; elle consiste à distribuer chaque année aux ouvriers, quand il y a des bénéfices, une part des actions qui forment le capital ; de sorte que d'année en année les ouvriers peuvent exercer sur l'entreprise même une influence de plus en plus grande et recevoir aussi une part de plus en plus forte des profits. Le système arrive ainsi peu à peu à faire passer les actions, c'est-à-dire le capital, des mains des premiers capitalistes aux mains des ouvriers. Ce système cependant est peu aimé de ces derniers; préférant le présent à l'avenir, ils aiment mieux recevoir leur part annuelle en argent, et, de fait, le système n'est guère possible que pour des ouvriers à poste fixe.

Part du capital.

Il faut entendre par *capital* ici celui qui a été simplement prêté, c'est-à-dire loué à l'entrepreneur (non celui qui s'est associé à son travail pour les risques bons et mauvais; celui-là est devenu entrepreneur).

Cette part est le loyer, qui, lorsqu'il s'agit d'un capital-argent, prend le nom d'**intérêt**.

Légitimité de l'intérêt — Elle a été longtemps contestée. Chez les nations peu commerçantes ou non encore civilisées, le prêt n'est demandé que par des malheureux à court de res-sources. D'où la condamnation par les philosophes anciens et sa prohibition par certaines religions, christianisme et musulmanisme.

Mais depuis l'Antiquité sont nées les entreprises. L'emprunt fut de plus en plus demandé, non sous l'empire de nécessités pressantes, mais en vue de profits à réaliser et à garder pour soi seul. Le droit canonique lui-même (droit de l'Église) leva donc la prohibition dans certains cas, en particulier dans celui où le capital est risqué, et c'est ce qui arrive plus ou moins dans le commerce et l'industrie.

De nos jours, les emprunts de personne gênée à personne plus à l'aise ne sont rien à côté des emprunts fait à l'épargne publique par de grandes sociétés d'industrie, emprunts que la législation n'a plus besoin de protéger contre les exi-gences excessives des prêteurs.

Puis on comprend mieux que le capital est du travail non encore rémunéré, et qui doit l'être sans nouveau travail ; autrement il n'y aurait plus d'épargne, on jouirait au jour le jour, et le progrès humain serait arrêté.

Taux naturel de l'intérêt. — Il doit contenir un double élément : 1° l'équivalent de la jouissance des choses qu'on aurait pu acquérir avec cet argent, du confort par exemple que l'on aurait pu se donner chaque année ; cet équivalent varie avec le prix de la vie ; 2° une compensation des risques de non-remboursement s'il y en a.

Mais, en fait, il varie surtout sous l'action de la loi de l'offre et de la demande. L'abondance des capitaux sur un marché sans nombreuses entreprises le fera forcément baisser ; et la situation inverse, hausser.

Il n'y a donc pas, comme on le dit quelquefois, une loi de la baisse constante de l'intérêt, quoique d'une façon générale, de l'Antiquité à nos jours, cette baisse soit certaine ; et les causes qui rendent plus aléatoire la situation des entrepre-neurs, grèves, charges nouvelles imposées par la loi, etc., peuvent au contraire soit en faire hausser le taux en raison des risques de ruine, soit en accentuer la baisse en empêchant les créations d'entreprises nouvelles.

Cette constatation suffit à montrer qu'un intérêt très fort peut ne pas être excessif ; tout dépend des risques courus, et lorsque le législateur intervient pour le limiter, sans doute il empêche quelquefois des exploitations de personnes dans la gêne (en admettant qu'il arrive à triompher de tous les subterfuges qu'essaient les contractants), mais ce qu'il empêche surtout, ce sont les entreprises hardies, à la « grosse aventure » comme on disait autrefois.

Taux légal. — Le législateur chez nous a renoncé à limiter l'intérêt en matière commerciale. C'est en matière civile seulement qu'il le maintient à un maximum de 5 p. 100. Le résultat de cette limitation est d'empêcher les prêts aux non-commerçants n'offrant pas de garanties très sérieuses, ou de les faire dissimuler sous la forme d'autres actes, et en particulier de reconnaissances de dettes pour marchandises soi-disant reçues.

Part de l'entreprise.

C'est ce qui reste du prix de vente, une fois payés ou mis de côté le prix des matières premières, l'amortissement des machines, la rente ou le loyer du propriétaire, l'intérêt du capital, le salaire de l'ouvrier ; en résumé, l'excédent du prix de vente sur le prix de revient. C'est ce qu'on appelle le **profit**.

Pour le calculer il faut, bien entendu, lorsque l'entrepreneur fournit lui-même du capital, déduire du prix de vente la rente ou loyer de ce capital comme s'il venait d'autrui. Il faut même déduire le salaire du travail de l'entrepreneur, c'est-à-dire ce qu'il recevrait dans une autre entreprise comme employé salarié pour le même travail. Le profit *pur* doit rémunérer seulement l'initiative, les risques de pertes, les préoccupations causées par ces craintes possibles de ruine et de déchéance commerciale. La tendance de l'industrie à se monter par sociétés anonymes, confiant la direction de l'entreprise à des employés, supprime ces préoccupations ou plutôt les fait supporter par les actionnaires en les éparpillant entre eux, et le profit devient alors seulement l'excédent des dividendes sur ce qu'aurait donné le même capital prêté.

Légitimité du profit. — Elle est niée par le collectivisme de Karl Marx, parce que, pour lui, une marchandise ne vaut que par le travail qui l'a produite, et ce travail lui-même ne vaut que par le travail précédent qui lui permet de se produire (entretien et instruction de l'ouvrier quand il était enfant, nourriture du travailleur et des siens, etc.) ; de sorte que quand l'entrepreneur a un profit, c'est qu'il n'a pas payé la valeur entière du travail qui, directement ou indirectement, a produit la chose. Cette théorie oublie le travail emmaganisé dans le capital, ainsi que les risques courus par l'entreprise. Du reste, sans rémunération, pas d'épargne et pas d'entreprise, et sans capital et entreprise, on ne voit pas, jusqu'à nouvel ordre, de possibilité d'industrie.

Sociétés coopératives de production et de crédit. — On voit quelles difficultés rencontre pratiquement et théoriquement la répartition de la richesse. Beaucoup d'entre elles seraient évitées si on pouvait réunir aux mêmes mains capital et travail ; d'où l'idée de vastes associations de travailleurs se procurant eux-mêmes le capital par l'emprunt, sauf à le remplacer peu à peu par l'épargne, et prenant ainsi l'entreprise de leur propre production ; ou d'associations de travailleurs mettant en commun leurs modestes épargnes pour se faire crédit les uns aux autres sans avoir à payer l'intérêt qu'exigerait un capital étranger. La réussite de telles associations serait l'idéal ; ce serait la *conciliation du Capital et du Travail*.

Difficultés qu'elles rencontrent. — Ces associations se heurtent, malheureusement, à de très gros obstacles. Du moment qu'elles se font entrepreneurs, il leur faut une direction, des bureaux, des représentants de commerce : 1° si elles s'en procurent en les salariant, elles vont contre leur principe qui est la suppression du patronat ; sinon, si ces divers genres de travaux doivent être confiés à des membres de l'association, il y a des compétitions et des mécontentements, des scissions, etc. ; 2° dans une entreprise, il y a forcément à exécuter des travaux de différents genres, moins pénibles ou moins ennuyeux les uns que les autres, et la répartition en est difficile. De là l'insuccès des associations fondées en 1848, auxquelles l'Etat prêtait des capitaux et dont 3 ou 4 sur 200 ont seules vécu ; puis celui, par exemple, de la *verrerie de Carmaux*, qui avait reçu son capital d'une donation.

Commencement de réussite. — Cependant, depuis quelques années ont apparu un certain nombre d'associations (500 environ) qui semblent devoir durer. L'Etat les a aidées par des subventions ; et surtout elles ont pu prendre part dans des conditions privilégiées aux adjudications de travaux publics.

En Angleterre, et le même fait devra se produire en France, les sociétés de consommation s'entendent quelquefois à plusieurs pour créer une fabrique et produire ainsi elles-mêmes les denrées dont elles ont besoin ; d'autres fois elles se contentent d'assurer leur clientèle aux sociétés ouvrières de production sérieuses ; elles sont ainsi des agents puissants de ce progrès.

Toutefois il faut observer :

1° Que beaucoup de ces associations ont dû se donner un directeur salarié, et le rémunérer largement pour l'avoir bon ;

2° Que les ouvriers fondateurs et qui ont eu tout le mal et couru les risques de la création ne veulent pas en admettre d'autres sur le même pied qu'eux-mêmes dans l'entreprise une fois fondée. Plus des 2/3 de ces sociétés ont des auxiliaires salariés souvent plus nombreux que les sociétaires eux-mêmes. Quand les sociétés de consommation fabriquent elles-mêmes leurs denrées, leurs ouvriers sont de simples salariés.

Dans tous ces cas, il y a donc déplacement et non suppression du patronat.

Du reste, même quand elles n'emploient que des sociétaires, elles sont mal vues du collectivisme, puisque c'est au profit même et à la propriété qu'il s'attaque.

---

1. **Questions** : Qu'est-ce que le système de la participation aux bénéfices ? — Reproches qu'on lui fait du côté patron et du côté ouvrier, et difficultés qu'en rencontre la réussite. — Qu'est-ce que l'Actionnariat ouvrier ? Pourquoi a-t-il du mal à prendre ?

Quelle est la rémunération à laquelle les hommes sont arrivés en ce qui concerne le Capital ? Répugnances religieuses anciennes pour le prêt à intérêt. — Pourquoi elles ont peu à peu diminué ? — Existe-t-il un taux « naturel » de l'intérêt ? — Inconvénients et avantages du taux légal.

Quelle est la rémunération naturelle de l'Entreprise ? — Comment faut-il calculer pour avoir le *profit* pur ? — Valeur économique du profit.

Sociétés coopératives de production et de crédit. Avantage qu'elles procureraient en se généralisant. — Difficultés de leur réussite. — Suppriment-elles en général le salariat ?

III

CIRCULATION DE LA RICHESSE

(L'Echange. — Le Crédit. — Le commerce intérieur
et le commerce extérieur.)

L'ÉCHANGE

(La valeur et le prix. — Concurrence et monopole. — La monnaie.)

Troc. — L'échange a commencé par le *troc, échange de marchandises quelconques les unes contre les autres;* il suppose un individu ayant en trop ce qui manque à un autre, lequel précisément se trouve avoir en trop juste ce qui manque au premier, un individu qui se trouve avoir abattu une pièce de gibier trop considérable pour lui, mais ayant besoin de tel vêtement, et rencontrant juste un autre individu pouvant céder ce vêtement et désirant de ce gibier.

Le troc s'est forcément développé dès qu'il y a eu spécialisation par métiers ; à vrai dire c'est lui qui l'a rendue possible.

Monnaie. Vente. — Le troc a cet inconvénient que si l'on a besoin d'un certain objet, il faut tomber juste sur quelqu'un qui l'a en trop et qui désire un autre objet dont vous même pouvez vous passer.

Mais il existe toujours de certaines marchandises que tout le monde désire parce qu'on sait qu'elles sont recherchées par un grand nombre de consommateurs et qu'on trouvera facilement à s'en défaire par échange ; ainsi le sel dans les pays éloignés de la mer et de toute saline, les fourrures dans les régions visitées souvent par des acheteurs de fourrures; certains coquillages en raison de leur beauté, etc.

L'individu qui a en trop du gibier et recherche un vêtement, tombant sur quelqu'un qui a envie de gibier et n'a pas de vêtements à céder, mais qui a du sel, acceptera volontiers de ce sel en échange, parce que, quand il trouvera un individu en mesure de céder le vêtement désiré, il lui fera facilement accepter ce sel à son tour. Cette idée naît dans l'esprit de tous en même temps ; les marchandises particulièrement et toujours utiles à tous sont de plus en plus facilement acceptées en vue des échanges qu'elles permettront; elles deviennent *usuellement* des objets d'échange *intermédiaires*, c'est-à-dire de la *monnaie*, dans le sens large du mot.

Qualités d'une bonne monnaie. — Pour qu'une marchandise soit commode en tant que monnaie, il faut :

1° Qu'elle soit *divisible* et par conséquent *homogène*, de façon que l'on puisse avec elle acquérir, en la sectionnant, des choses de valeur inégale. Les fourrures par exemple, ou les animaux, à ce point de vue sont de mauvaises monnaies;

2° Qu'elle ne soit pas facilement *corruptible ;* on ne voit point par exemple du gibier tué, du poisson, dans le rôle de monnaie ;

3° Qu'elle ait une *grande valeur sous un petit volume*, de façon à être facilement transportable et pas encombrante, mais *sans que cette valeur soit trop grande*, parce qu'alors pour de petits échanges on serait obligé d'en arriver à des quantités tellement petites qu'elles se perdraient facilement. Un peuple quelque peu actif ne pourra prendre pour monnaie des plumes ou des coquillages, à moins qu'ils ne soient rares et recherchés; à l'inverse, même de nos jours, on ne pourrait prendre pour monnaie de ces métaux qui sont excessivement coûteux.

C'est par ces raisons que les hommes sont arrivés instinctivement à prendre pour monnaies, de plus en plus généralement, les métaux qui sont précieux sans l'être trop, et d'ordinaire plusieurs à la fois, cuivre, argent et or, qui ont tous cette triple qualité d'être homogènes et divisibles, difficilement corruptibles et de valeur variable mais toujours appréciable, même sous de petits volumes.

Monnaie métallique frappée. — Un nouveau progrès qui s'opéra peu à peu et de lui-même, fut de fabriquer des lingots bruts ayant un certain poids usuel, et pour lesquels il n'y avait plus à s'assurer que de leur titre; puis on eut l'idée de les revêtir de dessins, **de caractères**, d'inscriptions, indiquant ce poids, la composition du lingot, etc.; la puissance publique intervint pour en reglementer ou en opérer la fabrication et menacer de peines graves les falsificateurs; on eut ainsi la *monnaie frappée*.

Plus tard, on en arriva à la monnaie de papier dont nous reparlerons ci-après (p. 168).

Valeur et prix. — On distingue la **valeur d'usage**, degré d'utilité d'une chose, et la **valeur d'échange**, quantité de choses utiles que l'on peut acquérir en compensation de cette chose.

Cette valeur d'échange prend le nom de **prix**, lorsque la marchandise en laquelle on l'évalue est la monnaie. Le prix d'une chose est donc la quantité de cette dernière que l'on obtient usuellement en échange.

Cours. — Pour les objets dont il existe un certain nombre d'exemplaires offerts, par exemple sacs d'un certain blé, etc., le consommateur offre le même prix des uns et des autres puisqu'il lui est indifférent d'en avoir l'un ou l'autre (*loi d'indifférence*). Peu lui importe par exemple la différence des *prix de revient*, c'est-à-dire du coût de la production. Ce prix unique des objets semblables sur un marché est le *cours*.

Causes de la valeur plus ou moins grande des choses.
Elles sont multiples :

1º Leur *utilité* y contribue (les choses sans utilité n'ont pas de valeur), mais ne la fait pas, car un pain vaut couramment moins qu'une bouteille de champagne.

2º Leur *prix de revient*, car si l'on ne peut vendre un

produit ce qu'il vous coûte, on écoulera son stock, mais on
cessera de produire, et la production ne recommencera que
quand les cours auront suffisamment remonté. Bien entendu,
par suite de la *loi d'indifférence*, il ne s'agit ici que du prix
de revient moyen ; un diamant trouvé par hasard aura le
même prix que celui trouvé avec d'autres à grands frais dans
une mine de diamants.

En revanche, la valeur de la chose doit toujours dépasser
le prix de revient puisqu'elle doit contenir le profit, et dans
les industries plus ou moins monopolisées, où quelques producteurs sont les maîtres du marché, la valeur peut dépasser
ce prix de beaucoup.

3° Leur *rareté* : un timbre-poste presque unique au monde
a pour un collectionneur une valeur folle, le timbre courant
oblitéré n'en a pas ; la valeur du diamant ou de la perle vient
de leur rareté ; mais un objet rare peut n'avoir aucune valeur,
ainsi l'œuvre unique de tel peintre non coté, telle ou telle
chose rare d'une espèce qui ne donne pas lieu à collections.

4° Le *plus ou moins de mal* qu'en donne la production ; le
sel près de la mer n'a presque pas de valeur, ou l'eau près
d'une source ; on aime mieux faire évaporer de l'eau salée dans
un chaudron ou puiser au ruisseau que de payer une somme
notable.

5° Le *rapport entre les demandes et les offres qui en sont
faites ;* ce rapport est tellement naturel qu'on en a tiré une
loi :

Loi de l'offre et de la demande. — Elle peut se formuler
ainsi : *La valeur d'une chose tend à augmenter, s'il existe
plus de personnes désirant se la procurer que de personnes
en mesure de l'offrir, et elle tend à baisser dans le cas inverse.*
Le fait est tout naturel. Si j'ai un stock de telles marchandises à vendre, que d'autres industriels à ma connaissance
soient dans le même cas, et que la demande des consommateurs semble faiblir, je me hâterai de faire des conditions
plus douces aux amateurs pour écouler ce stock pendant
qu'il en est temps encore. Et le fait inverse est tout aussi
naturel

Limites d'action de la loi. — La demande se ralentira au

fur et à mesure de la hausse des prix et finira par s'arrêter
ou presque. Si dans un pays le prix de la chaussure augmente, on fera réparer des souliers qu'autrement on jetterait ;
une partie de la population retournera aux galoches ou
sabots. Si le prix baisse par trop, les détenteurs de stocks
aimeront mieux attendre, espérant une reprise des cours.
L'équilibre tendra donc à se rétablir entre la quantité des
choses offertes sur le marché et celle des choses demandées.

En matière de prix du travail en particulier, un certain
sentiment de la dignité humaine empêchera le travailleur
d'accepter et l'employeur d'offrir des salaires par trop bas.

Concurrence et monopole. — La *concurrence* a pour effet
en général d'augmenter les offres puisque chaque détenteur
de stock a intérêt à s'en débarrasser en vendant au besoin
moins cher que les autres ; elle tend donc à rapprocher le
prix de vente du prix de revient.

Il y a *monopole* non seulement quand la loi l'a créé, mais
quand en fait un seul producteur, pour des raisons quelconques, n'a plus de concurrent, et nous avons vu que c'est ce
qui se passe souvent avec les trusts. Maître du marché, il
fixe les prix au mieux de ses intérêts, et c'est affaire d'expérience. Si, vendant 1 million d'exemplaires de son produit
à 1 franc, il gagne 10 p. 100 ou 100.000 francs, il n'est pas
dit qu'en baissant le prix à 0 fr. 50, il en vendra 2 millions ;
car le nombre des consommateurs de certains produits peut
être assez limité ; de même que, le mettant à 2 francs, il
perdra peut-être plus de moitié de sa clientèle. Il n'y a pas
de règle ici ; tout dépend à la fois du genre du produit, du
nombre de ses consommateurs possibles, de l'intensité du
besoin auquel il répond, et de la richesse des populations
auxquelles il s'adresse. En tout cas, ce prix idéal pour les
producteurs est rarement le prix de revient légèrement
majoré.

Il ne faudrait pas toutefois ériger ces constatations en loi.
Quelquefois, au contraire, la concurrence fait hausser les
prix et le monopole peut les faire baisser. Si une ville est
juste assez grande pour faire vivre 30 boulangers, et qu'il
y en ait 60, ils devront vivre chacun sur une clientèle trop

petite, et par suite avoir des prix plus élevés que s'ils étaient 30. A l'inverse, avec des produits utiles à tous, un monopoleur peut avoir intérêt à fixer des prix très bas qui lui créent des débouchés presque illimités.

Entraves au jeu de la loi de l'offre et de la demande. — Elles peuvent venir de causes très diverses parmi lesquelles la force de l'habitude et les ententes entre producteurs ou détenteurs de produits.

Quand l'habitude est de payer un certain prix pour un certain produit, le prix de revient a beau baisser, les consommateurs ne réclament pas, et les producteurs maintiennent le prix habituel jusqu'à ce qu'un d'entre eux le baisse, mais le fait peut se faire attendre longtemps. A l'inverse, les commerçants au détail hésiteront à hausser le prix traditionnel d'une marchandise qui, cependant, leur revient plus cher, par crainte de mécontenter leur clientèle.

Quant aux ententes possibles entre producteurs, nous les avons déjà étudiées plus haut (v. p. 136).

(Fin de la 10e leçon) [1].

ONZIÈME LEÇON

Monnaie.

Quantité de monnaie nécessaire. — *S'il y en a trop* pour les besoins du pays, 1° il en reste toujours dans la caisse des commerçants et les tiroirs des particuliers, on prend l'habitude de dépenses qu'on ne ferait pas autrement. La monnaie se déprécie plus ou moins. La vie enchérit, puisqu'il faut désormais plus d'argent pour se procurer les mêmes choses.

---

1. **Questions** : Sous quelle forme a commencé l'échange ? — Défaut du troc. — Invention de la monnaie. — Qualités d'une bonne monnaie. — Qualités de la monnaie métallique. — Valeur d'usage et valeur d'échange. — Prix. — Cours. — Loi d'indifférence.

Causes qui font la valeur. — Loi de l'offre et de la demande. Ses limites d'application. — Entraves factices qu'on lui impose. — Concurrence et monopole. Leurs effets.

La main-d'œuvre augmente, l'industrie a plus de mal à se maintenir sur les marchés étrangers ; 2° cette trop grande abondance de monnaie laisse sans emploi du métal précieux qui pourrait être placé à l'étranger ou servir à l'acquisition d'un meilleur outillage.

S'il n'y en a pas assez : 1° les particuliers sont gênés, n'ont pas de monnaie quand il en faut ; se restreignent dans leurs dépenses parce qu'ils n'ont pas d'avances en tiroir ; le prix de la vie diminue ; 2° l'industrie voit se rétrécir le marché intérieur ; en revanche, ayant la main-d'œuvre à meilleur compte, elle lutte avec plus d'avantages contre l'industrie étrangère.

Peu importe d'ailleurs que cette monnaie nécessaire soit en métal ou en papier, quand elle est bonne.

Métaux employés. — Une grosse valeur en cuivre exigerait un poids considérable de pièces ; une petite valeur en or demanderait une parcelle si petite qu'elle serait impossible à manier. D'où l'emploi, dans presque tous les pays, de trois ou quatre métaux : or, argent, bronze, nickel (on songe même beaucoup à l'aluminium) d'ordinaire avec alliage corrigeant tel ou tel défaut (malléabilité, etc.).

Monométallisme. Bimétallisme. — Ces expressions qui signifient « système d'un seul métal », « de deux métaux », n'ont pas trait au nombre des métaux employés, mais au nombre de ceux qui composent les monnaies ayant *cours légal*, c'est-à-dire *force libératoire illimitée*.

Est *monométalliste* un pays dans lequel les débiteurs de grosses sommes ne peuvent forcer les créanciers à recevoir leur paiement qu'en pièces de tel métal ; *bimétalliste*, celui où des pièces de deux métaux sont admises pour ces paiements.

Les autres monnaies ne peuvent être imposées aux créanciers que pour des paiements inférieurs à telle somme déterminée par la loi ; elles sont dites *monnaies d'appoint* par opposition aux premières qui sont *monnaies légales*.

La plupart des pays d'aujourd'hui sont monométallistes d'or ; quelques-uns monométallistes d'argent, Chine, Indochine française, etc. ; plusieurs, bimétallistes, France, Italie,

Suisse, Grèce, Espagne, etc. En France, les pièces d'argent (sauf celles de 5 francs qui ont cours légal), reçues par l'Etat jusqu'à concurrence de 100 francs, ne s'imposent aux particuliers créanciers que pour une somme inférieure à 50 francs et la monnaie de billon pour une somme inférieure à 5 francs.

Monnaie de papier. — Cette expression désigne trois espèces de titres :

1° Ceux qui *représentent* la propriété d'une certaine chose ou un droit à une certaine somme à prendre sur une chose, de telle façon que cette propriété ou ce droit se transmet à quiconque est porteur ou endossataire du papier. Certaines législations admettent qu'on mobilise ainsi, en la matérialisant dans un simple effet, la propriété d'une terre ou une hypothèque sur elle ; on pourrait de même représenter de la même façon telle quantité d'écus par exemple déposés à telle banque ; et enfin, c'est ce qui se produit couramment, avec les récépissés ou des connaissements endossables, pour les marchandises confiées à des magasins généraux ou à des transporteurs. Ces titres forment la monnaie de papier *représentative ;*

2° Des titres constatant et représentant seulement une créance ; pour la valeur desquels par conséquent on n'a d'autre garantie que la solvabilité d'un obligé ou de plusieurs. C'est la *monnaie fiduciaire*. Elle embrasse en particulier lettre de change, billet à ordre, billet de banque, chèque.

3° Des titres ne donnant droit à aucune restitution comme les premiers, à aucun paiement comme les seconds ; pour lesquels la puissance publique a simplement décrété qu'ils auront force libératoire pour telle somme ; des feuilles de papier sur lesquelles est imprimé qu'elles valent par exemple 100 francs, 200 francs, etc. C'est le *papier-monnaie*, qui est, on le voit, une des espèces de la monnaie de papier. Nous n'en avons pas, mais nous en avons eu, et il en existe en d'autres pays.

C'est le fait, *en général*, d'Etats à bout de ressources métalliques. On a vu plus d'une fois des villes assiégées employer un système analogue en donnant ainsi des valeurs factices à des rondelles de cuir ou d'un métal quelconque (*monnaie obsidionale*).

Papier-monnaie et billets de banque. — Il ne faut pas les confondre malgré leur ressemblance apparente : 1° les billets émanent d'une société privée ; 2° ils sont remboursables au porteur et à vue ; 3° la banque n'en émet (autrement elle s'exposerait à la faillite) que dans la mesure où elle les sait garantis par son encaisse ou ses valeurs en portefeuille. Le papier-monnaie est non remboursable et émis par l'Etat en raison de ses besoins en quantité qui devient facilement excessive. S'il y a quelque jour faillite de l'Etat, nul n'est responsable.

Deux de ces différences disparaissent lorsque l'Etat force la Banque à émettre des billets pour lui en prêter, et leur donne *cours forcé*, c'est-à-dire enlève aux porteurs le droit de se les faire rembourser à vue. C'est ce qui est arrivé chez nous après la guerre de 1870.

Même alors il reste au billet cette supériorité que la Banque, et avec elle ses actionnaires, risquant la ruine, le public sait qu'ils feront en sorte que ce régime dure le moins longtemps possible.

Valeur nominale et valeur réelle. — La première est celle qui est attribuée légalement à une pièce ou à un papier. Elle est un multiple ou une fraction arithmétique d'une certaine valeur prise comme étalon. La deuxième est la quantité de choses que l'on peut se procurer avec cette pièce ou ce papier, c'est-à-dire sa force d'acquisition.

Les deux valeurs pourraient coïncider. Supposons, par exemple : 1° qu'un pays donne une même composition métallique à toutes ses pièces ; qu'elles soient toutes d'argent à 9/10 de fin, 1/10 de cuivre ; 2° qu'il prenne pour base de tout son système monétaire la valeur réelle d'un certain poids de ce métal, ainsi : 5 grammes, valeur qu'il appellera le franc ; 3° qu'il mette 10 grammes dans les pièces, dites de 2 francs ; 25 grammes dans celles qu'il appelle 5 francs, etc., c'est-à-dire que chaque pièce multiple de la pièce étalon comme valeur nominale en soit un multiple égal comme poids ; à ces trois conditions les deux valeurs coïncideront toujours. car si la pièce de 5 grammes ou d'un franc a telle valeur réelle, celle de 10 grammes, dite de 2 francs, aura une valeur réelle double ; et ainsi de suite.

Mais les Etats, nous l'avons vu, sont obligés d'employer plusieurs métaux ; la France et d'autres ont même été amenés à fondre leurs pièces soi-disant d'argent à deux titres différents (celles de 5 francs à 9/10 de fin, toutes les autres, mêmes celles d'un franc, à 835 millièmes).

Pour rendre toutes ces monnaies à composition différente interchangeables, ils doivent alors décider que tous ces métaux ou alliages auront légalement telle valeur relative les uns par rapport aux autres, et ils évalueront par exemple les pièces d'or par rapport à un certain poids d'argent.

Alors commence le factice, parce que ces différents métaux changent de valeur relative sur le marché, et la loi a beau dire par exemple que pour elle 5 grammes d'or valent 15 fois et demi 5 grammes d'argent, ou que 25 grammes à 9/10 de fin valent 5 fois 5 grammes à 835 millièmes, sa volonté, à l'étranger tout au moins, ne comptera pas ; pour l'étranger, les pièces sont des lingots, rien de plus, et alors, la valeur réelle dépendant du cours variable des métaux, et la valeur nominale, d'une décision prise une fois pour toutes par la loi, une scission se produit forcément entre elles.

A l'intérieur cependant, il est possible que le fait ne se produise pas.

Du moment qu'avec tel billet, ou telle monnaie d'un métal déprécié, on peut payer l'Etat et payer ses créanciers de la même façon qu'avec telle autre monnaie non dépréciée ayant la même valeur nominale, on ne craint pas de les accepter dans la mesure où l'on a couramment des payements à faire.

Avantages de la monnaie de papier. — 1° Elle est d'un transport facile ;

2° Sous sa forme de lettre de change, chèque, etc., elle éteint, nous l'avons vu, des masses de créances sans déplacement de numéraire ;

3° Elle diminue la quantité de métal stérilisé par le rôle de monnaie. Les Anglais, grâce à leur habitude du chèque, font plus d'affaires avec 2 milliards et demi de monnaie métallique que nous avec 5. Ce sont des intérêts énormes qu'ils gagnent par an en plaçant à l'étranger l'or que d'autres États mettent en circulation ;

4° Elle empêche le frai des pièces métalliques, perte par le frottement et l'usure bien plus considérables qu'on ne le croit en général.

Un avantage semblable mais moins complet est produit par l'émission de pièces métalliques d'une valeur nominale supérieure à leur valeur réelle, lorsque le système reste dans les limites voulues.

Danger du papier-monnaie et d'une façon générale de toutes les monnaies dont la valeur nominale dépasse la valeur réelle.

Si la monnaie à valeur factice est plus abondante que le strict nécessaire, on verra se produire une dépréciation d'autant plus forte que l'écart entre les deux valeurs est plus grand. En supposant par exemple l'argent baissant par rapport à l'or, et l'argent trop abondant, au point qu'on ne puisse l'écouler, on sait qu'au pis aller on ne perdra pas tout ; comme lingots, les pièces auront toujours une valeur notable ; mais avec du papier on peut arriver à la panique. Sans aller jusque-là, on consent au besoin des sacrifices pour s'en défaire ; la monnaie non dépréciée fait *prime* ; il y a *dédoublement des prix* : les commerçants demandent des prix différents suivant qu'on les paie en une monnaie ou en l'autre ; cette dualité de valeurs peut s'installer, entrer dans les mœurs, comme en Russie la différence du rouble or et du rouble papier ; elle peut aussi aller jusqu'au désastre, comme chez nous au temps des *assignats*.

Bonne et mauvaise monnaie. — Une pièce, en particulier, peut être mauvaise par rapport à ses similaires si elle est usée ou rognée. Un certain genre de monnaie, en général, sera mauvais, si sa valeur réelle est sensiblement inférieure à celle d'une autre monnaie de même valeur nominale. Ainsi, actuellement, notre monnaie d'argent peut, en langage d'économie politique, être considérée comme mauvaise monnaie, parce que sa valeur réelle est à peine la moitié de la valeur réelle des pièces d'or de même valeur nominale ; 20 francs d'argent ne valent pas 10 francs d'or.

Loi de Gresham (prononcer Grecham). Elle a été constatée par l'anglais Thomas Gresham au XVIᵉ siècle. On peut la formuler ainsi : *Quand deux monnaies légales d'un même pays n'ont pas la même valeur réelle, la moins bonne des deux reste seule en circulation;* plus brièvement, *la mauvaise monnaie chasse la bonne.* La plupart des hommes, s'ils ont des pièces abîmées, rognées, aimeront mieux payer avec elles et garder les autres, et de même, si la loi d'un pays attribue une égale valeur à deux monnaies dont une d'un métal déprécié, on paiera dans le pays avec cette dernière puisqu'on en a le droit; mais, comme la loi n'a pas d'application hors des frontières, et que l'étranger ne s'occupe que de la valeur réelle des pièces, c'est avec la bonne monnaie qu'on fera ses paiements au dehors, si on ne peut les faire en papier de commerce. La bonne monnaie quittera peu à peu le territoire national. C'est ce qui arrive aux pays ayant une monnaie de papier avec cours forcé mais dépréciée; aucune force humaine ne peut empêcher alors l'exode de la bonne monnaie métallique. On l'a vu pour l'Italie il y a quelques années encore; elle a traversé une véritable crise monétaire jusqu'à ce qu'elle ait pu supprimer le cours forcé de son papier.

(Fin de la 11ᵉ leçon (¹).

1. **Questions** : Résultats que produit la trop grande abondance de la monnaie ou son insuffisance. — Raison de l'emploi de métaux multiples. — Ce que l'on entend par monométallisme ; bimétallisme ; monnaie légale, monnaie d'appoint. — Diverses espèces de la Monnaie de papier. — Comparaison du papier-monnaie et du billet de banque. — Qu'est-ce que la valeur nominale et la valeur réelle ? Pourquoi sont-elles souvent distinctes? — Quelle valeur a une pièce de monnaie à l'étranger? — Pourquoi sur le marché national peut-il en être autrement? — Avantages de l'emploi de la monnaie de papier. — Danger de ce même emploi. — Qu'est-ce qu'une mauvaise monnaie? — Loi de Gresham.

Système monétaire français de l'an XI. — Lorsque notre système monétaire fut fondé en l'an XI, le kilogramme d'or valait alors réellement 15 fois et demie celui d'argent. Ayant pris pour étalon (par suite de traditions) la pièce d'argent de 5 grammes (à 9/10 de fin) ou franc, on fut amené par là même à tailler 200 francs par kilogramme d'argent et 3.100 francs par kilogramme d'or, rapport des deux monnaies : 15,5.

Les simples particuliers pouvaient d'ailleurs à volonté se faire fabriquer de la monnaie aux ateliers monétaires de l'Etat (Monnaie de Paris et Monnaie de Bordeaux) en leur donnant des lingots bruts d'or ou d'argent. C'était le système de la *frappe libre*.

Inconvénients auxquels il donna lieu vers le milieu du XIXᵉ siècle. — En 1847 et 1851 furent découvertes les mines d'or de Californie et d'Australie. L'or baissa de valeur par rapport à l'argent. Ce dernier se mit donc à disparaître de chez nous. Les banquiers anglais, en ayant besoin pour l'Inde qui ne s'accoutumait pas à l'or, envoyaient des lingots d'or à la Monnaie de Paris, et pour chaque kilogramme d'or, qui leur avait coûté à Londres 12 kilogrammes d'argent par exemple, ils obtenaient soit 15 kilogrammes et demi de monnaie d'argent renfermant 14 kilogrammes de métal fin, soit 1 kilogramme de monnaie d'or qu'ils échangeaient dans le commerce contre 15 kgr. 5 d'argent. Du reste les paiements en Angleterre étaient exigés en argent. On estime à 2 milliards la somme d'argent qui alla, de France, se faire transformer en roupies indoues. Peu à peu la spéculation se ralentit parce que le stock d'argent diminuant, l'échange devint plus difficile, mais la disparition des pièces d'argent constituait une vraie gêne.

Le même phénomène se produisait d'ailleurs au détriment des autres pays bimétallistes.

Union latine. — De là sortit, en 1865, l'entente qui prit le nom d'*Union monétaire latine* entre France, Italie, Belgique, Suisse, et plus tard, Grèce (l'Espagne et le Portugal n'en sont pas).

Il fut convenu qu'on laisserait aux pièces de 5 francs leur titre, pour ne pas devenir monométallistes, au risque de les voir s'en aller, mais qu'on fondrait toutes les autres pièces d'argent au titre de 835 millièmes pour rendre la spéculation insuffisamment lucrative avec elles dont l'absence était particulièrement incommode puisqu'elles n'avaient pas leur équivalent en or.

On limitait d'ailleurs à tant par tête d'habitant la somme que chaque pays pourrait fabriquer en ce genre de pièces.

Chaque Etat, sans les imposer à ses nationaux, s'engageait à les recevoir en paiement; ce qui, en fait, leur donnait cours dans toute l'Union.

L'entente était contractée pour quinze ans, renouvelable sauf dénonciation. Au cas de dissolution, chaque Etat rembourserait en bonne monnaie ses pièces d'appoint qu'on lui renverrait.

Modifications ultérieures des clauses primitives. — Après 1871, le phénomène inverse se produisit, et l'argent baissa énormément de valeur (par suite de nouveaux procédés d'extraction en particulier). L'or se mit à disparaître. On gardait les pièces d'or, et quand on en avait un kilogramme, on obtenait avec lui à Londres 20 kilogrammes d'argent par exemple (ou même plus) ; on les faisait monnayer à la Monnaie de Paris et on avait 4.000 francs d'argent au lieu des 3.100 francs d'or envoyés. En 1876, la France suspendit la frappe des pièces de 5 francs en fait, et en 1878, une entente la suspendit dans tous les pays de l'Union.

En 1893, sur la demande de l'Italie, plus tard aussi sur celle de la Grèce, on décida que leurs pièces divisionnaires ne seraient plus reçues à partir d'une certaine date par les caisses publiques des autres Etats. C'était forcer les particuliers à se hâter de les rapporter à ces caisses qui les renvoyaient à leur pays d'origine dont elles étaient parties en trop grand nombre.

Inconvénients et avantages du bimétallisme et du monométallisme. — Avec le bimétallisme. il est rare qu'il n'y ait pas une « mauvaise monnaie ». En effet la valeur relative des deux métaux varie. Si l'or vaut 15 fois et demie l'argent à un moment, à un autre il vaudra 20, 25, 30 fois plus, et davantage ; à d'autres moments, il ne vaudra plus que 15, 14, 13 fois plus. Et en pareil cas la bonne monnaie s'expatrie, ce qui n'arrive pas avec le monométallisme.

En revanche, lorsque la valeur du métal de la monnaie légale, si elle est unique, hausse ou baisse brusquement d'une façon notable (et la baisse en particulier peut être très rapide et très forte au cas de découverte de mines riches), c'est une perturbation terrible dans le prix de la vie, une cause de souffrances et de ruines, en particulier pour les créanciers qui, ayant par exemple prêté 100.000 francs, ou cédé des marchandises pour 100.000 francs, seront payés plus tard avec 100.000 francs qui n'en vaudront plus que 75.000, parce qu'on ne pourra plus avec eux se procurer les mêmes richesses qu'autrefois. Au contraire, avec le bimétallisme, du moment qu'on sait qu'avec 20 pièces d'un franc on achètera les mêmes choses qu'avec une pièce d'or de 20 francs, on s'inquiétera peu de la baisse de cet argent ; la monnaie d'or soutiendra l'autre, de même que, dans l'état de choses inverse, elle sera soutenue par elle. Il y a *atténuation des crises*, et moindres variations du prix de la vie et des matières premières.

Causes de la variation de valeur de la monnaie. — La monnaie change de valeur comme toutes les marchandises : par exemple, avec la même somme, avec le même salaire, on peut vivre confortablement à une certaine époque, et, quelque temps après, ne plus pouvoir se procurer que le strict nécessaire, ou ne plus pouvoir vivre, on dit alors que la vie a enchéri.

Le phénomène peut tenir à deux groupes de causes, les unes tendant à augmenter les exigences des producteurs (augmentation de la consommation, augmentation du prix de revient par le relèvement des salaires, des droits de douane, des impôts, etc.), les autres tendant directement à faire baisser la valeur de la monnaie (découverte de nouvelles mines de métaux précieux, ou de procédés d'extraction plus productifs, développement de la pratique des effets de commerce qui équivalent à de l'argent, ralentissement de l'industrie et par suite diminution des placements possibles, augmentation du stock d'argent en tiroir, plus grande facilité à la dépense, c'est-à-dire dépréciation de la monnaie).

La situation inverse créera une baisse du prix de la vie, par suite une plus grande valeur d'échange pour la monnaie.

LE CRÉDIT

(Ses avantages. Les instruments de crédit ; billets de banque ; la Banque de France. Rôle économique des banques et des effets de commerce : lettre de change, chèque, actions et obligations.)

Le crédit est toute acceptation d'un droit à une prestation future au lieu de la prestation immédiate que l'on pourrait demander.

Formes diverses du Crédit. — Le Crédit fonctionne de façon différente suivant la profession des emprunteurs.

Le propriétaire d'immeuble a le **prêt sur hypothèque** et la loi a donné au *Crédit foncier de France* un monopole qui lui permet d'emprunter et de prêter à de bonnes conditions. A ceux qui lui apportent de l'argent il délivre des obligations très sûres puisqu'elles sont garanties par les hypothèques de ses débiteurs, et qui sont négociables à la Bourse et par conséquent permettent au capitaliste de rentrer dans ses fonds quand il le veut en vendant ses titres. Il existe d'ailleurs d'autres *sociétés de crédit immobilier*.

L'agriculteur peut emprunter en donnant pour gage ses récoltes par le **warrant agricole** et surtout la loi favorise la création de **sociétés de crédit mutuel agricole**, qui se développent peu.

L'ouvrier ou artisan a les **banques populaires** ou sociétés coopératives de crédit qui en Allemagne, sous l'influence de Schulze-Delitzsch au siècle dernier, ont pris une extension considérable, mais sont à l'état embryonnaire en France.

Les commerçants, d'une façon générale, ont le **billet à ordre** et, quand ils sont eux-mêmes créanciers à terme, ont l'**escompte des lettres de change** qu'ils peuvent tirer sur leurs débiteurs.

L'Etat, les départements, les communes ont leurs **émissions de rentes**.

Nous n'avons à parler ici que du *crédit commercial* et du *crédit public*.

Crédit commercial et industriel.

Ses avantages :

1° C'est un *puissant auxiliaire de la production*. Il met du capital aux mains de l'entrepreneur et surtout de l'élite des entrepreneurs, et donne au capital la rémunération qui lui est due.

2° C'est un *auxiliaire non moins puissant de la monnaie*. Les créances se constatent par les effets de commerce que nous connaissons déjà, et qui sont acceptés en paiement. Tel commerçant paie son fournisseur, l'industriel, avec un billet contre un acheteur ; cet industriel ne va pas se faire payer par cet acheteur ; lui-même paie avec ce même billet son créancier fournisseur de houille, qui paie avec lui tel fournisseur de machines, et ainsi de suite jusqu'à l'échéance, de sorte qu'un nombre considérable de paiements se seront faits sans déplacement de numéraire.

Instruments de crédit. — Ce sont les effets que nous connaissons déjà, notamment : 1° la lettre de change ; 2° l'obligation ; 3° le billet de banque, puisque c'est grâce à lui que la Banque de France, pouvant payer en billets sans intérêts au lieu de payer en argent, peut faire l'escompte dans de meilleures conditions.

Rôle économique des effets de commerce, lettre de change, chèque, action et obligation.

Ces quatre « effets » comme les appelle le programme, ou ces quatre espèces de « titres » jouent quatre rôles différents. Il ne faut donc nullement les confondre :

a. — Les *actions* sont des droits à des parts dans les profits réalisés par une entreprise. Elles sont émises en vue de l'association du Capital à l'Entreprise et par conséquent au Travail, et servent la production de la Richesse.

b. — Le *chèque* suppose que le tireur a une provision chez le banquier tiré. Ce n'est donc qu'un instrument de paiement, un auxiliaire de la Monnaie. Son rôle concerne la circulation de la Richesse.

c. — La *lettre de change* est, elle aussi, un auxiliaire, le plus puissant des auxiliaires, de la Monnaie. Mais elle est aussi un instrument de crédit puisque par elle, en restant responsable des chances de non-paiement par le tiré, on touche immédiatement (sauf une petite déduction) une somme à laquelle on n'aurait droit qu'à un certain terme.

d. — L'*obligation* n'est qu'un instrument de crédit.

(Fin de la 12ᵉ leçon) ([1]).

TREIZIÈME LEÇON

Banques.

Les Banques ont commencé , semble-t-il par le *change manuel*. Au moyen âge, en passant de seigneurie à seigneurie, on était obligé de changer de monnaie ; les boutiques de change étaient donc précieuses. Il y en avait jusque dans des villages sur les routes fréquentées, aux limites des grands fiefs,

Puis, en bonne partie à cause des désordres et des risques de pillage, les commerçants préférèrent laisser en *dépôt* leurs

1. **Questions** : Quel était notre système monétaire de l'an XI ? — De quelles circonstances est née l'Union latine ? — Système qu'elle instituait. — Modifications ultérieures des clauses primitives. — Avantages et inconvénients des deux systèmes monométalliste et bimétalliste. — Causes de la variation de valeur réelle de la monnaie.

Formes diverses que peut prendre le Crédit, en particulier le Crédit commercial et industriel. — Services que rend le Crédit. — Instruments du Crédit. — Différences de rôle des divers titres et effets commerciaux : lettre de change, chèque, action, obligation.

bénéfices dans les bonnes banques qu'ils rencontraient. C'étaient souvent des banques gérées, tout au moins protégées par les villes elles-mêmes, fortement défendues au cas de besoin. Elles n'employaient pas l'argent qui leur était remis, le rendaient tel qu'elles l'avaient reçu, et étaient par suite obligées de se faire payer leurs frais de garde et un bénéfice. Ainsi faisaient les grandes banques italiennes du xve siècle encore.

La Banque d'Amsterdam eut l'idée d'évaluer, par rapport à un étalon théorique qu'on appela le *marc banco*, la quantité de métal fin que renfermaient les pièces de toutes sortes qu'on lui remettait, et de promettre non pas le remboursement de ces mêmes pièces identiquement, mais leur équivalent en monnaie renfermant la même quantité de métal fin. Par là même elle avait le droit de les faire valoir, en attendant le remboursement, et le faisait par l'escompte. D'où les *banques de dépôt et d'escompte.*

Par la suite, certaines émirent des billets de banque (monopole maintenant de la Banque de France chez nous) et furent les *banques d'émission.*

Opérations actuelles des banques. — A ces opérations les banques joignent de nos jours, comme nous l'avons vu, les ouvertures de comptes, les comptes-courants, l'émission d'actions et d'obligations pour le compte de sociétés, d'États étrangers, de villes, etc., les paiements de coupons d'actions, les ventes et achats de valeurs pour leurs clients par l'intermédiaire des agents de change ou directement, la garde et, si l'on veut, la gestion des valeurs qu'on leur confie, la location de coffres-forts, les avances sur titres (c'est-à-dire les prêts d'argent gagés sur des titres remis à la banque (enfin le change, qui est le commerce des lettres de change.

Leur rôle économique. — Les Banques servent donc le Travail en procurant à l'entreprise des associés par les émissions d'actions et des prêteurs d'argent par celles d'obligations, et le Capital en lui fournissant des placements.

Elles sont des auxiliaires puissants de la production de la Richesse, par l'association qu'elles établissent entre Capital et

Entreprise, de la circulation par les paiements qu'elles effectuent de place en place, du Crédit par l'escompte, etc.

Banques générales et Banques locales. — Avec elles, comme avec tous les commerces, la loi de concentration a joué. D'où ces banques qui, telles que la Société générale, le Crédit Lyonnais, etc., ont des succursales dans les places les plus importantes de France et à l'étranger. Toutefois les banques locales se défendent 1° parce que des rapports plus intimes s'établissent entre elles et leurs clients ; elles les conseillent d'une façon plus dévouée ; ont d'ailleurs intérêt à négliger le gain que leur donnerait le lancement de valeurs médiocres, pour garder entièrement la confiance publique (tandis que les Banques générales peuvent se laisser aller à prôner des souscriptions pour lesquelles on leur offre de grosses primes) ; 2° elles connaissent mieux la valeur personnelle des entrepreneurs de la région, et peuvent lancer des valeurs locales.

Change. — Les industriels français qui ont vendu à des étrangers peuvent avoir à tirer sur eux des lettres de change et se les font escompter par des banques qui acquièrent ainsi le droit à telle ou telle somme à Londres, à New-York, etc. D'autre part, les Français qui ont acheté à des étrangers peuvent avoir, si les paiements sont portables, à faire parvenir de l'argent à Londres, New-York, etc. Ceux-là, ou même des Belges, des Suisses, des Allemands, etc , qui sont dans le même cas, au lieu d'envoyer de l'argent, trouveront avec raison plus simple d'acheter des lettres sur Londres ou Néw-York ; et au besoin offriront un peu plus cher que leur valeur nominale ; ce surplus, qui est le *change,* sera plus ou moins considérable suivant le nombre des demandeurs et des offres. Si Paris par exemple a plus acheté à New-York que New-York à Paris, le papier sur New-York sera recherché et cher, le change haut, au-dessus du pair.

Au cas inverse il peut descendre au dessous.

Le change s'élèvera très haut, si la place à laquelle il faut faire parvenir de l'argent est éloignée, et que le transport d'espèces en nature doive y être coûteux, et variera aussi suivant que la dette à payer pourra l'être ou non en monnaie dépréciée.

Banque de France ; c'est une banque privée, créée en 1800, montée par actions, mais avec gouverneur et sous-gouverneurs nommés par l'État partageant l'administration avec les actionnaires.

Son grand **privilège** consiste en ce qu'elle seule peut émettre des billets de banque pour la France continentale. C'est un très gros bénéfice, puisqu'en escomptant les lettres de change, au lieu de payer en argent, elle émet un billet qui ne lui coûte que quelques centimes, et ne garde pour le garantir qu'une partie (assez considérable du reste) de la valeur nominale de ce billet. Elle peut donc placer cet argent que d'autres banques paieraient. Elle a permission d'émettre ainsi jusqu'à 5 milliards 800 millions de billets, avec une encaisse qui pourrait, par exemple, facilement n'être que de 2 ou 3 milliards.

Mais elle paie à l'État ce privilège par de nombreux sacrifices parmi lesquels une certaine part de ses bénéfices, des prêts *sans intérêts* à chaque renouvellement du privilège de trente ans en trente ans (au dernier ce fut un prêt de 180 millions), etc.

Le privilège peut chaque année être supprimé par une loi.

En fait, l'encaisse de la Banque est environ des 4/5 du montant des billets en circulation. Il est impossible que le public prenne jamais assez peur pour que plus des 4/5 viennent se faire rembourser ; aussi la Banque a un tel crédit que ses billets valent de l'or. Après la guerre de 1870, elle a pu émettre plus d'un milliard et demi de billets, rien que pour les prêter à l'État.

Elle a toujours su maintenir l'escompte des lettres de change aussi bas que dans n'importe quel pays et très souvent beaucoup plus bas que dans tous.

C'est donc une institution qui a rendu au pays et au commerce de grands services.

Crédit public.

Forme ordinaire de l'emprunt d'État. — Comme nous avons eu l'occasion de le dire, l'État fait ses grands emprunts sous la forme de vente de rentes contre lui-même.

En France, les conditions des derniers emprunts étaient le 3 p. 100 au-dessous du pair, c'est-à-dire l'État vendant par exemple 90 francs le titre qui assure contre lui 3 francs de rente annuelle et le droit au remboursement de 100 francs le jour où il voudrait rembourser.

Il ne se préoccupe pas beaucoup de cette obligation de restituer plus qu'il n'a touché parce que son intention n'est de restituer que dans un avenir très lointain, et qu'alors les 100 francs qu'il rendra ne vaudront pas, grâce à la baisse de la valeur de l'argent, les 90 francs qu'il aura reçus. Quant au capitaliste, s'il consent à recevoir 3 francs de rente pour 90 par exemple, c'est-à-dire du 3 fr. 33 p. 100, alors qu'il trouve beaucoup mieux ailleurs, c'est parce que son titre étant remboursable à 100 francs, c'est comme s'il avait prêté 100 francs; c'est en tout cas le droit éventuel à 100 francs. Aussi le titre a des chances de hausser de valeur et on espère regagner en capital ce qu'on perd en intérêts.

Rente perpétuelle. Rente amortissable. — Elle est *perpétuelle* lorsque l'État, tout en se réservant de rembourser quand il le voudra, ne donne pas droit au remboursement. Le rentier ne s'en émeut pas, sachant que, quand il aura besoin de son argent, il l'aura en vendant son titre.

Elle est *amortissable*, lorsqu'en empruntant, l'État prend l'engagement de rembourser chaque année, à partir de telle date, telle quantité des titres. On tire au sort chaque année le nombre de numéros voulus. Le rentier est donc sûr d'être remboursé à telle époque au plus tard.

Amortissement. — Un État dont la situation pécuniaire est normale doit éteindre peu à peu sa dette même perpétuelle, de façon à ne pas laisser aux générations futures une charge qui les empêcherait d'emprunter à leur tour. On dit qu'il est juste de leur faire supporter les frais des grandes entreprises dont elles profiteront ; mais elles auront elles aussi à faire de ces dépenses dont profiteront les générations suivantes, comme les générations actuelles profitent de celles des précédentes ; il est donc bon que chaque génération éteigne sa propre dette ; et dans les périodes de bonne situation financière, le budget comprend toujours une certaine somme pour l'amortissement.

Il peut se faire *par remboursement* ; et c'est ce qui arrive lorsque la rente est au-dessus du pair, c'est-à-dire lorsque la rente sur un État est assez recherchée pour que le prix monte au-dessus du prix du remboursement possible. Mais si elle est au-dessous, l'amortissement se fait *par achat*. L'État achète lui-même à la Bourse et annule les titres ainsi rachetés.

Conversion. — Lorsqu'il a emprunté à un certain taux, par exemple à 4 p. 100, et qu'il voit qu'il pourrait maintenant emprunter à 3 p. 100, il donne aux rentiers le choix entre le remboursement à 100 francs ou la réduction de la rente à 3. C'est parfaitement légitime, puisque le rentier a été prévenu qu'on aurait toujours le droit de le rembourser.

L'opération n'est possible que quand il n'y a pas sur le marché d'autres bons placements au-dessus de 3 p. 100 ; autrement les rentiers aimeront mieux être remboursés et replacer ailleurs.

La France a pu changer ainsi peu à peu en 3 p. 100 des emprunts contractés à 5 p. 100 et même à un taux plus élevé pendant la guerre.

L'Angleterre en est au 2 et demi p. 100 mais qui ne vaut que 80 francs.

Bons du trésor. — Ce sont des titres que l'État vend, donnant droit contre lui-même au paiement de telles sommes à telle échéance (toujours brève), trois mois, six mois, un an, avec intérêts variables suivant la date de l'exigibilité. Il en émet ainsi pour ses besoins courants en les remboursant au fur à mesure de ses rentrées. Malheureusement, en raison des déficits budgétaires, chaque année une partie de ces bons ne peuvent être remboursés qu'avec l'argent qu'on se procure en en émettant d'autres, et d'année en année la dette augmente. Quand elle est devenue par trop considérable, on est bien obligé de la « consolider », c'est-à-dire d'émettre du 3 p. 100 perpétuel pour liquider la situation ; c'est cette pratique qui est la cause principale de l'augmentation incessante de notre dette.

Ces bons du trésor constituent avec certaines dettes analogues (versements à faire aux Compagnies de chemin de fer, etc.), une dette tantôt plus forte, tantôt moins, oscillante ; on l'appelle la *dette flottante*, par opposition à la rente du 3 p. 100 qui, entre deux emprunts, est absolument fixe.

Emprunts des communes et des départements. — Ils se font eux aussi sous la forme d'émissions d'obligations ; mais l'État n'admet pour eux que l'obligation amortissable dans un délai fixé par la loi qui autorise l'emprunt.

Dettes publiques. — Au total, les dettes de l'Etat français comprenaient, au 1er janvier 1910 :

22 milliards de 3 p. 100 perpétuel.

3 milliards 1/2 de 3 p. 100 amortissable.

4 milliards 1/2 d'annuités diverses (en particulier celles dues aux chemins de fer).

1 milliard de dette flottante.

Il y a en outre environ 4 milliards de dettes communales et départementales dont plus de moitié pour Paris.

(Fin de la 13e leçon)[1].

1. **Questions** : Comment ont commencé les banques ? — Leurs operations actuelles. — Leur rôle économique. — Supériorité à certains points de vue des banques régionales ou locales. — Le change. Causes qui peuvent le faire hausser ou baisser. — La Banque de France est-elle une institution d'Etat ? — Son privilège. — Services qu'elle a rendus.

Mode d'emprunt de l'Etat — Rente perpétuelle. — Rente amortissable. — Nécessité de l'amortissement. — Les deux procédés par

QUATORZIÈME LEÇON

LE COMMERCE INTÉRIEUR ET LE COMMERCE EXTÉRIEUR

(Des moyens de transport rapides et à bon marché. — Importation et
exportation. — Libre-échange et protection. — Droits de douane et
traités de commerce.)

Le **Commerce** est le travail qui va acheter les marchandises à leur lieu de production pour les mettre à la disposition des consommateurs moyennant un prix plus élevé.

On l'appelle **intérieur** ou **extérieur** suivant qu'il opère ou
non sur des produits du pays lui-même.

Transports. — La première condition pour que le commerce puisse fonctionner au sujet d'une marchandise donnée
entre deux places données est que cette marchandise soit
moins coûteuse au lieu de départ qu'au lieu d'arrivée et que
les frais de transport ne dépassent pas cette différence.

La rapidité est une cause de bon marché du transport ;
elle diminue en effet le temps pendant lequel il y a salaires à
payer par le transporteur à son équipage ou personnel d'employés et stérilisation du capital que représente le prix de la
marchandise et qui, aussitôt cette dernière arrivée et vendue,
peut servir à de nouvelles spéculations.

Les modes usuels de transport sont, dans l'ordre de cherté,
le roulage, quatre ou cinq fois plus coûteux que le chemin
de fer, le transport par voie ferrée, quatre ou cinq fois plus
coûteux lui-même que la navigation par canaux ; et sur mer,
la navigation par vapeur, beaucoup plus chère que celle à
voile ; et cependant, par suite de la lenteur de certains de ces
transports, souvent le plus coûteux l'emporte et la vapeur
triomphe de la voile et de la traction sur canaux.

Avec certaines marchandises d'ailleurs (viande, poisson,

lesquels il s'opère. — Bons du Trésor. Inconvénient de cette pratique.
— Emprunts des départements et des communes. — Montant actuel des
dettes publiques.

beurre, fruits bien mûrs, etc.), la rapidité n'est pas seulement avantageuse, elle est nécessaire. Elle seule a permis
aux pêcheurs de Bretagne, par exemple, de pouvoir travailler
pour toute la France ; jointe aux appareils frigorifiques en
usage à présent, elle permet au Cap d'envoyer ses fruits
jusque sur les marchés européens.

Transport et production. — Toute invention qui rend le
transport moins coûteux ou plus rapide a donc une répercus-
sion très forte sur le commerce et par conséquent sur la
production.

Tantôt elle permet à certains producteurs placés dans de
bonnes conditions de production de faire concurrence de plus
en plus loin à des producteurs moins favorisés. Elle aide
alors à la division territoriale du Travail. C'est ainsi que le
blé d'Amérique, de Crimée ou de l'Inde a pu faire disparaître
le blé de plus d'une région européenne.

Tantôt, au contraire, elle permet la lutte à des producteurs
auxquels ne manquent que certaines matières premières ou
auxiliaires. Ainsi le perfectionnement des transports a fait
naître les hauts fourneaux dans des pays riches en minerais
de fer, mais sans houille. Elle a activé à la fois l'industrie de
la fonte et celle du charbonnage.

Dans les deux cas, il y a profit pour la richesse humaine.

Chemins de fer. — Les hommes publics discutent sur le
point de savoir si l'exploitation des chemins de fer doit être
libre ou appartenir à l'Etat. C'est une question trop grosse
pour être étudiée ici. Notons seulement, au point de vue économique *pur*, que dans tous les pays où c'est l'Etat qui
exploite, le tant p. 100 des frais par rapport au produit brut
augmente. Il est de 53 p. 100 en moyenne sur les réseaux
des compagnies françaises, de 66 p. 100 en Belgique, réseau
d'Etat, de 69 p. 100 en Allemagne, de 71 p. 100 en Suisse, etc.

En France, le régime établi est un système mixte, celui des
concessions : L'Etat est propriétaire de tous les réseaux ; les
Compagnies ne sont que des concessionnaires de l'exploitation pour quatre-vingt-dix-neuf ans. De plein droit, toute la
propriété de l'entreprise reviendra à l'Etat de 1950 à 1960,

lui donnant ainsi un revenu presque égal à la rente de son énorme dette de 31 milliards. Ce sera merveilleux pour la génération d'alors, si d'ici là ce capital reste intact.

L'Etat a toujours d'ailleurs, d'année en année, le droit de rachat sur un taux établi d'avance éventuellement d'après le produit net des dernières années.

En attendant, par suite de conventions additionnelles, surtout de 1882, en échange de sacrifices qu'il a obtenus des compagnies (exploitation de lignes onéreuses, etc.), il garantit aux actionnaires un certain intérêt de leur capital, mais si les bénéfices dépassent un certain chiffre, il prend les 2/3 du surplus. Il se trouve ainsi, suivant les Compagnies et les frais qu'il leur impose, avoir à subventionner ou au contraire à recevoir.

Aucune modification des tarifs n'est possible sans son approbation.

Marine. — Une marine de commerce est indispensable à un pays, non seulement comme pépinière d'hommes pour la marine militaire, et parce que sans elle, en cas de guerre, son ravitaillement serait à la merci des nations neutres, mais même, en temps de paix, pour transporter au moins ses propres marchandises. La France paie par an à l'étranger, de ce fait, plus de 300 millions, presque un million par jour, et sa marine, qui était au troisième rang en 1870, est actuellement au cinquième après celles d'Angleterre, d'Allemagne, des Etats-Unis, de Norvège. On n'aperçoit pas bien les causes de cette décadence, qui ne tient pas au manque de marins puisque les flottes de commerce étrangères, l'anglaise en particulier, ont des équipages, en bonne partie, français.

Importation et exportation.

Nous avons déjà vu que la *supériorité du chiffre* des importations sur celui des exportations calculées comme elles le sont, n'est pas forcément la preuve d'une supériorité réelle des premières sur les secondes.

Les importations de matières premières sont même en

général un bon signe, parce qu'elles prouvent que l'industrie nationale a des commandes, et compte sur des profits.

La *supériorité réelle* des importations menacerait cependant le stock métallique du pays, puisqu'il lui faudrait payer en numéraire. Mais il faut observer que les pays commerçants et industriels ont souvent d'autres sources de revenus et d'apport d'argent : les placements faits antérieurement à l'étranger, etc. On évalue à plus de 4 milliards de francs les revenus que l'Angleterre tire, en bonne partie sans travail et comme rentes, de l'étranger et de ses colonies, et à 1 milliard 1/2 les mêmes revenus pour la France, de sorte que la *balance des creances et des dettes* peut être favorable même quand celle du commerce ne l'est pas.

Libre-échange et protection. — Un État a-t-il intérêt à n'établir à ses frontières que des douanes à tarifs modérés, calculés à un point de vue *purement fiscal* pour l'aider à supporter le poids de ses dépenses, ou bien doit-il s'arranger de façon à supprimer ou atténuer pour un nombre plus ou moins grand de marchandises l'infériorité de la production nationale sur la production étrangère au point de vue du bon marché ? S'il le fait, ce sera *protéger* cette production contre la concurrence de l'autre. Les économistes sont divisés sur ce point capital.

Principaux arguments des protectionnistes. — *a*. Sans la protection, chaque pays sera réduit aux rares productions auxquelles il est sensiblement plus apte que tous les autres. Or, pour les vieux pays surtout, et même pour ceux des jeunes dont la population est habituée à une vie civilisée et confortable, ces productions sont très peu nombreuses.

La France par exemple ne pourrait, sur son propre marché, lutter pour le blé avec les sols plus fertiles d'Amérique, de Crimée, de l'Inde ; pour l'élevage, avec les plaines américaines ; pour certains de ses vins même avec les vins plus riches en alcool d'Espagne et d'Italie ; pour la plupart de ses industries, avec les pays à salaires minimes. Les Etats-Unis ne pourraient pour beaucoup d'entre elles soutenir la concurrence avec ces pays qu'en abaissant, ce qui est impossible, les hauts salaires de ses classes travailleuses.

Or quelle sera la situation d'un pays voué exclusivement à la production des vins fins ou des toilettes de dames ou de quelques objets d'art comme le serait la France, ou des cotonnades comme le serait l'Angleterre? Et encore certaines de ces prééminences ne sont-elles pas éternelles.

La protection, au contraire, en rendant possible l'industrie agricole, conserve au pays les classes rurales nécessaires à la race et à sa force militaire; elle maintient une foule d'industries dans lesquelles tous les travailleurs trouvent à s'occuper; elle n'augmente pas le prix de la vie autant qu'on veut le faire croire, et souvent ne l'augmente pas du tout; car si l'étranger était maître du marché indigène, il lui imposerait des conditions aussi onéreuses peut-être que celles auxquelles arrive la protection.

b. Lorsque le droit de douane n'est pas assez élevé pour être prohibitif, qu'il est seulement juste égal ou presque égal à la différence entre le prix de revient de la marchandise dans le pays protégé et son prix de revient à l'étranger, le producteur étranger est bien forcé, pour vendre sur le marché indigène, de ne pas exiger plus que le producteur national, et par conséquent de garder la douane à sa charge. Les droits de douane ne sont donc pas payés par le consommateur; ils le sont par l'étranger.

Soit un produit qui coûte 27 francs en France, 20 francs à l'étranger. Si la production française n'est pas protégée par un droit de 7 francs, ne pouvant lutter elle disparaîtra, et l'étranger pourra vendre la marchandise 28 ou 30 francs. Si elle est protégée, elle pourra elle-même vendre 28 ou 30 francs, et l'étranger, pour garder des clients, sera bien obligé de perdre sur son bénéfice les 7 francs du droit de douane.

Réponses des libre-échangistes. — *a*. Les pays libre-échangistes, Angleterre, Belgique, Hollande ne sont pas réduits à un petit nombre d'industries. Et les salaires n'y sont pas plus bas que dans les pays de protection.

C'est qu'en effet l'ouvrier civilisé et bien payé a un travail plus intensif et plus habile que l'ouvrier des pays barbares ou à petits salaires.

b. Le fait de l'étranger, élevant ses prix plus que ne le ferait la production indigène protégée, n'est possible que s'il n'y a pas concurrence ; pour peu qu'elle existe, les prix tendent à se rapprocher des prix de revient, nous l'avons vu ; quoi qu'on en dise, le consommateur paie donc plus cher qu'il ne paierait sans protection.

Arguments positifs du libre-échangisme. — *a.* L'industrie protégée s'endort, ne se tient pas au courant des progrès ; la même industrie non protégée ferait un effort et vivrait tout de même.

Si, même avec cet effort, elle ne peut vivre, pourquoi s'obstiner à la maintenir artificiellement ? c'est la preuve qu'il faut la laisser à l'étranger.

L'agriculture des pays non protégés devient plus scientifique, plus industrielle, mais d'ordinaire elle lutte.

b. La protection appelle les représailles ; les pays étrangers se ferment même aux produits pour lesquels le pays est le mieux fait ; de sorte que pour sauver des industries chancelantes qui seraient mieux ailleurs, on ruine les industries pour lesquelles on serait maître des marchés.

Le protectionnisme a fermé bien des places aux vins français ; la mévente des vins vient de ce qu'ils n'ont plus guère que le marché intérieur. Le même fait se passe en sens inverse dans les pays auxquels se ferme le marché français.

c. Le libre-échange fait qu'on a toutes choses au prix le moins élevé possible ; la vie est bon marché ; la main-d'œuvre, tout en étant en réalité bien rémunérée, est bon marché, elle aussi ; la production peut donc l'être, et l'industrie lutte avec avantage contre celle des pays où la vie est chère par suite de la protection.

Résultats de l'expérience. — Elle ne semble pas encore assez longue pour montrer où est la vérité, car l'Angleterre, la Belgique, la Hollande prospèrent avec le libre-échange (elles ont des douanes, et frappent surtout les produits qu'elles ne fabriquent pas, vins, etc., mais ne protègent pas leurs industries) ; les États-Unis, la France, l'Allemagne prospèrent avec la protection ; il est vrai que cette dernière est relativement récente. L'Angleterre était arrivée au libre-échange en 1840, la France en 1860, les autres États suivaient. C'est seulement depuis 1878 que l'Allemagne a commencé le retour vers le protectionnisme. Les expériences en pareille matière ont besoin de plus de temps. Il ne semble pas cependant que la situation ainsi créée soit autre chose qu'un état de guerre où il s'agit de se ruiner les uns les autres au lieu de coopérer au développement de la richesse commune. C'est toujours plus ou moins une conséquence de 1870.

(Fin de la 14e leçon) [1].

QUINZIEME LEÇON

Système des traités. — Le système, dont la première application remonte à 1786, (traité entre la France et l'Angleterre) et qui a, par la suite, donné lieu au fameux traité de 1860 entre elles encore, consiste en ce que deux pays s'engagent l'un envers l'autre soit à pratiquer entre eux le libre-échange, soit à ne s'imposer que tels droits déterminés, soit à s'appliquer la *clause de la nation la plus favorisée*. L'expression veut dire que, si l'un des deux pays accorde à un autre un tarif plus libéral que le tarif ordinaire pour un certain genre de marchandises, le pays contractant aura droit à ce tarif pour ses propres marchandises du même genre.

Quelquefois on énumère les pays dont chacun des contractants aura le droit de revendiquer les privilèges, et chacun de ces contractants peut alors en accorder impunément à d'autres.

D'ordinaire ces ententes sont à temps.

1. **Questions** : Comment on peut définir le Commerce. Influence des transports rapides et à bon marché. — Régime français des chemins de fer. — Avantages d'une forte marine de commerce. — De la balance du commerce et de celle des créances et des dettes. — Qu'est-ce qu'on entend par Libre-échange et Protection ? — Arguments des protectionnistes. Réponses des libre-échangistes. Arguments de ces derniers. — Pourquoi l'expérience n'est pas concluante.

Situation spéciale de la France et de l'Allemagne. — Elles sont dans une situation spéciale, parce que le traité de Francfort qui les lie par la clause de la nation la plus favorisée est fait à perpétuité et ne pourra être déchiré que par une guerre, à moins de nouvel accord peu vraisemblable.

Les nations à laquelle la France ne peut ainsi accorder un certain droit sans l'accorder par là même à l'Allemagne et réciproquement sont : Angleterre, Belgique, Hollande, Russie, Autriche, Suisse. L'Italie par suite de la Triple-Alliance a droit envers l'Allemagne aux mêmes tarifs que l'Autriche, et par suite que la France.

Cette clause est réciproque, mais malheureusement est appliquée depuis quelques années par l'Allemagne dans un esprit que l'on qualifiera facilement :

Ainsi, traitant avec la Suisse et pour empêcher la France de pouvoir revendiquer les concessions faites en ce qui concerne le bétail, les taureaux par exemple, elle accorde un tarif de faveur aux « taureaux élevés à une altitude de plus de 300 mètres et faisant un estivage à une altitude au-dessus de 800 mètres » ! Voulant faire une faveur à l'Italie pour certains vins, elle ne dit pas : « le vin de telle ou telle qualité »· ou « de telle ou telle force alcoolique » elle dit : « le vin de Marsala ! »

Dans son nouveau tarif elle a adopté une « spécialisation » très détaillée, c'est-à-dire qu'au lieu de procéder par grands groupes de marchandises, elle fait des articles spéciaux pour des marchandises offrant tel ou tel petit détail que ne peuvent présenter les mêmes marchandises françaises. « La force de notre nouveau tarif, a dit le premier ministre au Reichstag, c'est qu'il comprend 946 articles, et est par conséquent très spécialisé, ce qui veut dire que sur tel article nous pouvons faire des concessions à l'Autriche, à la Russie, à l'Italie, sans que ces concessions s'appliquent à la France. Entre l'article français et l'article analogue russe, italien, autrichien, on trouvera aisément des différences, très petites en réalité, mais suffisantes pour qu'on puisse appliquer deux paragraphes différents ».

Système français actuel. — Le traité de Francfort a obligé la France à dénoncer dès qu'elle l'a pu ses anciens traités avec l'Italie et d'autres États.

Depuis, elle est entrée dans la voie protectionniste à son tour et a adopté le système d'un double tarif, tarif maximum ou général applicable en principe, et tarif minimum qu'elle accorde aux nations traitant avec elle ou à certaines nations plus ou moins libre-échangistes, sans perdre d'ailleurs le droit de le modifier. Ce qu'elle accorde c'est seulement le droit au meilleur de ses tarifs tels qu'elle les fera à volonté. Ce système n'est malheureusement pas très souple ni rassurant pour le cocontractant, et on a dû déjà y déroger de deux façons : en descendant au-dessous du tarif pour un certain nombre d'articles au profit de certaines nations, et en s'engageant envers certaines à ne pas le modifier à leur égard.

Ces tarifs présentent deux espèces de droits : *ad valorem*, *spécifiques*.

Droits ad valorem. Droits spécifiques. — Les premiers sont ceux qui sont établis d'après la valeur de la marchandise, et sont de tant p. 100 de cette valeur. Pour empêcher les déclarations par trop basses, l'administration, en France, a le droit de *preemption*, c'est-à-dire de prendre les marchandises pour le prix déclaré. Les seconds sont les droits fixés par genre de marchandises, au poids, au mètre, ou à la quantité.

Admission temporaire. — L'industrie française, pour certains produits, ne pourrait pas exporter si les matières premières qu'elle fait venir de l'étranger payaient des droits de douane. Aussi on permet à l'importateur de ne pas payer à la frontière, en prenant l'engagement garanti par une caution (**acquit-à-caution**) de payer s'il ne réexporte pas le produit équivalent dans tel délai. D'autres fois on le fait payer, mais en le remboursant à la réexportation (**drawback**). On admet aussi l'entrée en franchise dans certains *entrepôts*, la marchandise ne payant qu'ensuite si elle est achetée pour le marché intérieur ; certains pays ont le système des *ports francs* ou *villes franches*, qui sont tout entiers des entrepôts. L'étranger y apporte volontiers des marchandises, sachant que s'il ne trouve pas à les vendre, il pourra du moins les remporter sans avoir eu à payer de droits.

Règles spéciales pour le blé. — Le blé a presque toujours donné lieu à des règles spéciales. A certaines époques, on en a défendu l'exportation. A d'autres, la crainte de la famine étant écartée, c'est plutôt l'intérêt de l'agriculture qui a été pris en considération. Le blé coûte en effet plus cher à produire en France, généralement, qu'aux États-Unis, en Crimée ou dans les Indes, et, depuis les transports à bon marché, la lutte est devenue difficile pour le producteur français. L'adoption de la grande culture elle-même ne pourrait peut-être pas le sauver. On a donc pensé à le protéger par des droits.

On a essayé autrefois de l'**échelle mobile** ; c'est-à-dire que le droit de douane est la différence, quelle qu'elle soit, entre le prix du blé d'après les mercuriales dans la région protégée et son prix à l'étranger. Toute cargaison qui arrive paie cette différence. Le système produisait de mauvais résultats parce qu'en partant d'Amérique par exemple, le vaisseau chargé de blé ne savait pas d'avance quel tarif lui serait appliqué. Les acheteurs français, les grands minotiers, par exemple, qui faisaient venir du blé d'Amérique pouvaient se trouver ruinés par une brusque élévation du tarif.

Aujourd'hui, nous avons un droit fixe de 7 francs par quintal, mais au cas d'insuffisance de la récolte nationale, pour éviter le trop grand enchérissement du pain, le Gouvernement a le droit de suspendre le tarif, ce qui est grave encore, car un minotier qui vient de payer les 7 francs pour un nombre de quintaux considérable, se trouve brusquement en concurrence avec d'autres qui, pour avoir eu la chance d'arriver quelques jours plus tard, peuvent vendre la farine 7 francs de moins par quintal de blé.

Il ne faudrait pas croire que ce tarif élève toujours d'autant le prix du blé. Se sentant protégés, beaucoup de cultivateurs emblavent leurs terres ; et si la récolte est bonne, la quantité de blé produite en fait baisser le prix, et peut le faire baisser très près du prix du blé à l'étranger.

Primes à l'exportation ou à la fabrication. — C'est une

autre forme de la protection. Pour permettre à une industrie de se fonder dans le pays et de conquérir des marchés étrangers, on peut payer une somme déterminée par telle quantité de telle marchandise exportée. L'Allemagne l'a fait par exemple pour le sucre et la France a dû l'imiter. Le résultat a été que l'Angleterre a eu longtemps le sucre au-dessous du prix de revient et pouvait revendre à la France des confitures faites avec fruits français et sucre français. On a dû rompre avec le système. Il fonctionne encore pour d'autres industries, la construction des navires par exemple.

Commerce avec les colonies. — On avait pour système, autrefois, d'en faire de véritables exploitées; on les forçait à n'acheter que les marchandises de la métropole, et on les empêchait au besoin de se créer une industrie propre. Bien entendu, elles ne pouvaient vivre sous un pareil régime, et se révoltaient, comme les colonies anglaises d'Amérique, ou se ruinaient. Aujourd'hui on tend soit à les enfermer dans les mêmes douanes que la métropole, avec libre-échange entre elles et cette dernière, soit à les rendre autonomes, comme le sont le Canada à l'égard de l'Angleterre et plusieurs de nos colonies d'Afrique ou de l'Inde par rapport à la France.

(Fin de la 15º leçon) [1].

[1]. **Questions** : Des clauses les plus ordinaires des traités de commerce. Clause de la nation la plus favorisée. — Caractère spécial du traité de Francfort. — Procédé par lequel il est, en fait, annihilé au détriment de la France. — Régime douanier français actuel. — Ses inconvénients. — Qu'est-ce qu'un droit *ad valorem* ? — un droit spécifique ? — un acquit à caution ? — un drawback ? — un entrepôt ? — un port franc ? Avantages des villes et ports francs. — Règles spéciales pour le blé. En quoi consiste, en gros, le système de l'échelle mobile ? — Du système des primes à l'exportation.

IV

CONSOMMATION DE LA RICHESSE

(Consommation reproductive, agricole, industrielle, commerciale. —
Services publics. — Consommations improductives. — L'épargne, le
luxe; la prévoyance : caisses d'épargne: sociétés coopératives de consommation; assurances: caisse de retraites ; sociétés de secours mutuels).

Par ce nom de consommation on désigne volontiers quatre
ordres de faits différents :

1° La *consommation proprement dite*, qui est l'*emploi des
richesses à la satisfaction des besoins pour lesquels précisément elles sont faites.*

Souvent cette consommation est une destruction ; c'est ce
qui arrive aux aliments, au bois de chauffage, à la houille, etc.

Mais souvent aussi, elle n'est que l'usage de la chose; la
consommation des maisons consiste à les habiter; celle des
champs, à les cultiver, etc. ;

2° La *destruction sans besoin*, par exemple le fait de
gâcher un vêtement par simple ostentation, pour prouver sa
richesse ; ou le fait, si fréquent, de briser, par exemple, une
bouteille qui pourrait servir, par pur plaisir bête de casser
et d'anéantir. Ces faits diffèrent de la consommation même
destructive, en ce qu'elle, du moins, réalise une utilité, elle
laisse derrière elle un homme nourri. vêtu, etc. ; eux ne laissent que des débris ou des déchets le plus souvent incom-
modes, quand ils ne sont pas dangereux ;

3° La *dépense ;* c'est-à-dire l'aliénation de numéraire en
échange de richesses à consommer ou de travail qu'on rémunère. C'est un troisième fait, distinct des deux premiers, car,
lui, ne détruit rien, il fait seulement changer l'argent de
mains;

4º L'*emploi de richesses à la production d'autres richesses* jugées plus désirables ; c'est ce que des économistes appellent la *consommation reproductive*, en nommant alors improductive celle que nous avons désignée sous le nom de consommation tout court.

Ce sera par exemple l'ensemencement du sol en vue de la moisson ; le sacrifice du fil transformé en tissu ; celui de la houille qui permettra le travail de la machine, etc.

La *consommation improductive* serait l'alimentation, le port du vêtement, l'habitation, les dépenses d'hygiène, de propreté, de soins au cas de maladie, de plaisir, d'achat de livres par exemple, et aussi d'instruction, d'éducation, etc.

Questions que soulève la consommation. — Ces quatre faits donnent lieu à des questions différentes :

a. Avec le premier (la consommation proprement dite), l'économie politique part forcément de cette idée que toute destruction est regrettable en soi, puisqu'elle force à du travail pour remplacer la richesse anéantie et que l'homme aura toujours devant lui plus d'occasions de travail qu'il n'en peut désirer. La seule raison qui puisse légitimer la consommation, c'est le besoin auquel on satisfait par elle, et quand ce besoin est réel, il n'y a rien à regretter. Par suite l'économiste avec elle se posera seulement les questions suivantes : 1º Dans quelle mesure est-il bon, pour la richesse générale, que chacun consomme, largement ou non ? C'est la *question de la prodigalité, de l'économie, de l'épargne ?* 2º Quel genre de marchandises est-il bon, toujours pour la richesse générale, que chacun consomme de préférence quand il a le choix ? les marchandises raffinées et coûteuses, ou celles qui sont meilleur marché, mais plus vulgaires ? C'est la *question du luxe*. 3º Si l'épargne a pour but l'assurance, quels sont les meilleurs modes de cette assurance ?

b. Envers la destruction sans besoin, l'opinion publique sera quelquefois bienveillante ; elle ne voit qu'une chose, c'est qu'il y aura des choses à remplacer, du travail à faire, et par conséquent de la rémunération pour les travailleurs Cette destruction fait « marcher le commerce ». L'économie politique n'hésite pas à dire que c'est absurde, et qu'il eût mieux valu rémunérer le même travail appliqué à la création de richesses supplémentaires.

c. La dépense a pour résultat de faire passer l'argent des mains du capitaliste (qui peut être un bien petit capitaliste d'ailleurs, même un prolétaire) dans celles du producteur, et par conséquent du travailleur. L'Économie politique pourra se demander si cette transmission est toujours désirable, ou dans quelles conditions elle l'est. On a l'habitude aussi de lui demander s'il est bon que ce soit l'État qui se charge, comme il le fait de plus en plus, de certaines dépenses, c'est-à-dire du soin de faire faire et de rémunérer lui-même certains travaux au lieu de les laisser à l'entreprise privée ; c'est la *question des services publics.*

d. Quant à la consommation reproductive, le problème qu'elle soulève est celui de savoir si la richesse à produire vaut le sacrifice qu'on va faire pour la produire ; la réponse est donnée par la comparaison du prix de revient et du prix marchand ; la question concerne la théorie de la production des richesses, et n'a rien à voir avec la consommation.

Nous allons dire quelques mots de ces questions des *services publics,* de *l'économie,* du *luxe,* de la *prévoyance sous ses diverses formes.*

Services publics. — L'État, en tous pays, tend à se charger d'entreprises de plus en plus nombreuses. En France, il s'attribue non seulement défense du pays, police, justice, hygiène publique, travaux publics, mais enseignement, encouragements à l'Agriculture, aux Beaux-Arts, à la Science, à la Prévoyance, protection des travailleurs, assurances, etc., etc. ; il fabrique même de la poudre, du tabac, des tapisseries, etc., etc.

Cette tendance rencontre le blâme des économistes de l'école libérale ; ils voudraient que l'Etat se réduisît à ce qui suppose une puissance supérieure commandant à tous : l'organisation militaire, la Justice et la Police, les expropriations pour cause d'utilité publique quand il y a lieu ; mais laissât les pères élever leurs enfants, les malades se faire soigner eux-mêmes, etc.

Elle trouve au contraire l'adhésion de l'école socialiste qui ne lui reproche jamais qu'un défaut, de trop laisser à l'action individuelle.

La question est comme celle du Libre-échange ou de la Protection : elle a fait écrire des masses de volumes, et elle en fera paraître des masses encore.

Nous ne pouvons ici que noter les observations suivantes :

1° Les adversaires du service d'État observent, ce qui d'ailleurs est évident, que ces services sont payés par tous les contribuables, contrairement à la règle de bonne économie qui met chaque service à la charge de ceux auxquels il est rendu ; les musées sont payés par des paysans qui n'y mettent pas les pieds, les écoles publiques par des célibataires, ou des parents dont les enfants vont aux écoles privées, les hôpitaux par la bourgeoisie qui se fait soigner chez elle, etc.

L'argument est exagéré. Il est exact que certains services profitent plus à certaines classes sociales qu'à d'autres, mais d'abord il n'en est pas qui ne servent à toutes.

Il est de l'intérêt de tous les habitants d'un pays, que l'hygiène y soit observée ; qu'il n'y ait pas de logements malsains, sources d'épidémies ; pas de trop grandes misères causes d'épidémies encore ; pas de misère du tout même, s'il est possible ; que la population au milieu de laquelle on vit soit policée, instruite ; que des moyens de transport fassent circuler facilement personnes, marchandises, lettres et journaux, etc.

Puis, si les classes raffinées sont plus sensibles au bon état et à la propreté des routes et des rues, à la richesse des musées, etc., si les commerçants emploient davantage le chemin de fer que le propriétaire rural, les classes pauvres ou d'aisance moyenne profitent davantage des hôpitaux, des écoles primaires, etc. ; et peut-être, par suite, peut-on faire comme une compensation de tous ces privilèges réciproques, dans les pays du moins où l'impôt frappe tous les contribuables également.

2° Un second argument est que la production coûte toujours plus cher à l'État qu'aux entreprises privées. La cause peut en être pour partie en ce qu'il fait d'ordinaire mieux, plus grand, plus luxueux, ou qu'il offre souvent des conditions meilleures au travail ; mais la vraie raison est malheureusement que, comme excitant au zèle et à l'économie, on n'a encore trouvé rien de mieux que l'intérêt personnel,

Et, par suite, si l'on est bien obligé de laisser à l'Etat les services qui exigent une puissance de commandement ou des ressources fermées à l'action privée, et s'il peut être bon de lui remettre ceux qu'il est d'intérêt national ou humain de tenir à la disposition de tous, *au point de vue purement économique* il ne semble pas bon d'aller plus loin. Nous n'avons pas ici à étudier la question au point de vue politique ou social.

Consommations inutiles. — Il en est de simplement inutiles, comme celle du tabac qui, modérée, ne semble pas nocive, mais est rarement profitable, et en tout cas n'est pas dans les profitables ;

Il en est de désastreuses et nécessaires tout ensemble comme celles des guerres ; désastreuses toujours, nécessaires à l'occasion, puisque la perte de la nationalité peut être, même au point de vue économique, un fléau.

Il en est enfin de franchement désastreuses, sans compensation, comme la consommation habituelle de l'alcool.

Et ces dépenses de tabac et d'alcool sont des contributions volontaires levées par milliards de francs, sur les bourses même qui demandent le plus les dispenses d'impôts.

Luxe. — *Le luxe est la satisfaction des besoins non nécessaires à l'existence*. Comme les besoins de l'homme croissent d'époque à époque avec la civilisation, ce qui est le luxe en tel siècle devient le strict nécessaire en un autre. La chaussure de cuir, le vêtement de linge sur la peau ont été jadis des apanages des classes aisées.

Il y a toujours un peu de luxe dans chaque existence, fût-ce le petit verre du salarié ; et si ce luxe là est mauvais, un peu de bon luxe est sain ; c'est de la joie dans la vie.

Valeur du luxe. — Elle est très difficile à apprécier.

Il est un genre de luxe franchement malfaisant, celui qui satisfait des besoins brutaux, rétrogrades : les spectacles cruels, les jeux de hasard à forte mise, l'excès dans la quantité des nourritures et boissons absorbées, la consommation de l'alcool, etc.

Il est au contraire un luxe qui, sauf circonstances spéciales, sera bon, c'est celui qui consiste dans l'affinement, la qualité supérieure de marchandises utiles au plus grand nombre. L'homme aisé qui n'achète que des habillements bien faits, en drap fin et solide, fait avancer le moment où les draps bon marché seront fins et solides. La bicyclette de luxe a fait le progrès de la bicyclette ordinaire d'aujourd'hui. Le vigneron qui apprend à faire du vin excellent apprend à mieux faire son vin de seconde qualité.

Toutefois il est impossible de donner ici des formules précises, tout est affaire de circonstances et de mesure.

Dans ce bon luxe celui qui nous paraît le meilleur est celui qui n'est pas tellement au-dessus de la consommation commune, qu'un travailleur économe ne puisse espérer s'en rapprocher. Celui-là est un puissant excitant au travail et à l'épargne.

(Fin de la 16e leçon) [1].

DIX-SEPTIÈME LEÇON

Épargne. — On comprend sous ce nom deux faits différents : l'économie et la prévoyance.

L'*économie* consiste à ne satisfaire qu'aux besoins réels, et à n'employer pour y satisfaire qu'un minimum de sacrifices ; par exemple satisfaire, dans son habillement, non au goût de l'ostentation, mais seulement au besoin de se vêtir commodément et avec le degré d'élégance qui sied à une vie honorable ; dans sa nourriture, non à la gourmandise, mais

---

1. **Questions** : Quels sont les quatre faits différents que l'on comprend sous le nom de Consommation ? — Quelles questions ils soulèvent au point de vue économique, spécialement la consommation proprement dite, et les dépenses publiques. — Jugement de la destruction sans utilité. — Discussion en ce qui concerne les services publics. — Observations qu'on peut faire, même sans prendre parti au point de vue pratique. — Les dernières espèces de consommation dites inutiles. — Du Luxe. En quoi il consiste. — Est-il bon ou mauvais au point de vue économique ?

à la nécessité d'une alimentation saine, préparée sans gas-
pillage ; etc.

Cette économie des particuliers, en leur permettant de se
procurer plus de richesses réelles, ou bien d'épargner et de
constituer ainsi du capital, est une source de prospérité pour
un pays. Les ouvriers américains, avec leurs salaires élevés,
sont connus pour leurs habitudes dépensières qui les empê-
chent de tirer de leurs gains tout le confort que des Français
en tireraient. Ces dépenses expliquent, dit-on, l'intensité de
la production américaine ; mais, avec plus d'économie, ils
pourraient soit travailler moins, soit vivre mieux.

Prévoyance. — Elle consiste à ne pas consommer la
totalité de ce qu'on produit ou gagne, en vue de besoins à
venir, ou bien en vue de « placements », ce qui revient au
même indirectement.

Valeur économique de l'épargne. — Elle a de très grands
avantages. Elle peut avoir des inconvénients.

Ses avantages sont que, sous sa forme d'économie, elle
donne à l'épargneur le moyen de se procurer plus de confort, d'acheter plus de choses diverses. Sous sa forme prévoyance, elle l'assure contre l'insécurité du lendemain et
supprime ou atténue un des pires obstacles à la vie heu-
reuse.

Ses inconvénients apparaissent lorsqu'elle compromet en
vue de l'avenir les forces ou la productivité de l'individu.
C'est une mauvaise économie que celle qui ruine la santé,
ou qui fait cesser trop tôt l'instruction professionnelle de
l'enfant, et le condamne pour toute sa vie à des salaires inférieurs.

La bonne épargne est celle qui se prend sur les besoins
factices ou les maladresses de l'existence ; sur une nourriture
mal conçue par exemple, et il est rare, très rare, qu'elle le
soit bien, sur le goût du « paraître », etc.

Épargne par le riche. — L'opinion publique n'admet pas
en général l'économie chez le riche, et volontiers la traite
d'avarice. Sans doute, en morale, la générosité est un devoir
pour celui qui peut se la permettre. En Économie politique,

l'épargneur ne gardant pas d'ordinaire son argent en tiroir, mais le plaçant, est au contraire l'auxiliaire indispensable de l'Entreprise et du Travail. Il n'y a pas d'industrie possible sans le Capital et par conséquent sans l'Epargne. Un bon épargneur, qui s'occupe avec soin et intelligence de ses placements, peut valoir, comme aide à la production de la richesse, plus qu'un travailleur. L'épargne n'est pas un droit pour l'individu aisé, c'est un devoir. Elle en est un d'ailleurs pour quiconque peut s'y livrer sans prendre sur un besoin urgent.

Sont dignes de faveur, par conséquent, toutes les institutions qui l'aident, par exemple les *caisses d'épargne*, les *sociétés coopératives de consommation*, etc.

Caisses d'épargne. — Nous avons en France en outre des *caisses d'épargne scolaires* bien connues, les *caisses d'épargne postales* et les *caisses d'épargne proprement dites*.

Les premières sont toutes des succursales d'une Caisse d'État unique. Les autres sont des institutions soit privées, soit municipales, mais forcées par l'État de ne placer qu'en rentes sur l'État les fonds qu'on leur confie (elles ont un peu plus de liberté pour la fortune qu'elles peuvent avoir à elles par suite de dons ou d'économies). Ces achats forcés sont même une des causes du maintien de la rente française au prix où elle est.

L'inconvénient est que si jamais beaucoup de déposants voulaient à la fois retirer leur argent, ainsi dans quelque cas de guerre ou de révolution, les caisses, pour pouvoir les rembourser, seraient obligées de vendre ces titres et, comme toutes le feraient en même temps, il y aurait une dépréciation considérable de la rente, et une cause de ruine pour les caisses. Aussi la loi leur a-t-elle imposé la *clause* dite *de sauvegarde*, c'est-à-dire le droit de ne rembourser au besoin que par sommes de 50 francs échelonnées par quinzaine.

Dans d'autres pays, elles ont le droit de placer leurs fonds en prêts fonciers, très sûrs en raison de leurs gages réels ; il semble que cette combinaison soit meilleure.

Sociétés coopératives de consommation. — Elles constituent l'un des plus puissants agents de la petite épargne. Ce sont des sociétés qui vendent à leurs membres au prix habituel du détail et par conséquent ne leur font rien gagner momentanément, mais répartissent entre eux chaque année les bénéfices réalisés. Une famille qui achète ainsi pour 1.500 francs par an dans diverses sociétés coopératives, se trouve au bout de l'année recevoir un dividende de tant p. 100, par exemple 10 p. 100 ou 150 francs, sans avoir subi une seule privation. Malheureusement ces sociétés ne marchent pas toujours très bien : pour faire d'aussi bonnes affaires qu'un commerçant, il leur faut avoir un gérant aussi attentif que le commerçant intéressé.

Sociétés coopératives de construction. — Elles sont nombreuses et florissantes aux États-Unis et en Angleterre. Grâce au crédit que leur donnent leurs cotisations annuelles, elles empruntent facilement, et bâtissent pour louer à leurs membres.

En France, le mouvement, encouragé par l'État et les municipalités, tend plutôt à la création de *sociétés dites d'habitations à bon marché, de logements ouvriers*, etc., moitié capitalistes, moitié philanthropiques, car les actionnaires s'y contentent d'une rémunération très basse de leur argent et de leurs risques.

D'autres tendent à rendre l'ouvrier propriétaire en lui louant une maison toute bâtie avec cette clause qu'au bout de tant d'années de location, elle lui appartiendra. Ce n'est possible qu'avec des ouvriers qui se sentent fixés au pays pour longtemps.

Assurances. — Nous les connaissons déjà par le Cours de Droit usuel (p. 46 et suiv.). Disons seulement que c'est un des desiderata des écoles socialistes que de voir l'État supprimer les assurances privées et se faire l'assureur universel, de façon à gagner lui-même le bénéfice actuellement réalisé par les sociétés. Reste à savoir si ce bénéfice existerait encore.

Sociétés mutuelles de prévoyance. — Certaines sont de pures *tontines*. Nous les connaissons déjà (v. p. 50). Une des

plus célèbres est celle des *Prévoyants de l'Avenir*. Elles ont le
défaut d'être une sorte de jeu, les gagnants, c'est-à-dire ceux
qui survivent, prenant tout ce qu'ont versé ceux qui sont
morts avant la fin de l'assurance ; quelquefois aussi les premiers adhérents, par le jeu de certains règlements, profitent
dans une mesure excessive des versements faits par les
suivants ; la loi a dû y veiller.

D'autres ne se limitent pas à l'assurance sur la vie. Elles
s'engagent envers leurs membres à leur fournir visites de
médecins à des prix de faveur, pharmacie, secours pendant
les journées de maladie, frais d'enterrement, retraite au cas
de vieillesse.

Les primes sont forcément assez fortes. surtout lorsqu'on
admet les femmes dont le nombre de jours de maladie est
forcément plus considérable en raison des naissances. Aussi
ces sociétés ne groupent-elles qu'une élite des classes ouvrières
et de la petite bourgeoisie.

Elles sont d'ailleurs aidées par l'État en proportion de ce
qu'elles versent à leur fonds de retraites, et ont en général un
nombre plus ou moins grand de membres honoraires, qui
paient des cotisations sans participer aux assurances.

Leur grand bienfait est que l'homme qui a le courage de
s'y inscrire, se force par là à épargner même dans des
moments de gêne, pour éviter les amendes sociales ou la
perte de son titre d'adhérent et des primes déjà payées.

Caisse Nationale des retraites pour la vieillesse. — L'âge
de la retraite étant 60 ans, la prime annuelle varie, bien
entendu, suivant l'âge auquel commencent les versements.

Comme le disent les affiches de cette caisse, en commençant
à 20 ans des versements d'un franc par semaine, on aurait, à
60 ans, 586 francs de rente.

100 francs versés pour un enfant de 3 ans, lui assurent à
60 ans une rente viagère de 115 francs.

Ces résultats sont en réalité très beaux et viennent de la
puissance de ce qu'on appelle les *intérêts composés*.

Retraites ouvrières. — Le très beau mouvement humani-
taire qui agite les nations civilisées, depuis les dernières

années surtout du xixe siècle, a fait que le législateur s'est occupé de la situation douloureuse faite aux vieillards sans ressources. Beaucoup d'entre eux sans doute auraient pu épargner étant jeunes ; mais il faut reconnaître que, pour la majorité, l'épargne eût exigé une énergie constante qui est l'apanage d'une élite. En Belgique, en Allemagne, en Angleterre, en Nouvelle-Zélande, en France enfin, l'État est intervenu.

Le *système belge* est celui que l'on appelle la *liberté subsidiée* ; l'État n'impose pas l'assurance, mais double la mise de ceux qui s'assurent.

Le *système anglais*, le plus simple de tous, ne semble malheureusement possible que pour les finances d'un pays non encore obéré ou d'une richesse exceptionnelle. Tout vieillard de 70 ans remplissant de certaines conditions de moralité et de travail, sans avoir jamais rien payé, à moins d'avoir des ressources supérieures à une certaine somme, reçoit de l'État une pension. La loi n'est que de 1909, et on n'en peut encore bien calculer toutes les conséquences. On estime que la charge sera dans quelques années de plus d'un demi-milliard par an.

Le *système allemand* a pour traits principaux :

1° Caractère obligatoire de l'assurance pour tous les salariés au-dessous de tel salaire; elle se paie par retenue sur la paie, retenue variable avec elle ;

2° Obligation pour l'employeur à une contribution égale ; il doit coller sur une carte remise à l'assujetti des timbres mobiles pour cette double valeur ;

3° Capitalisation par l'État des sommes ainsi touchées ;

4° Retraite à 70 ans, les primes payées étant perdues si l'assuré n'arrive pas à cet âge ;

5° Lors de la liquidation, majoration par l'État.

Les dangers et défauts de ce système sont :

L'égoïsme d'un régime qui assure le salarié et non les siens, la femme et les enfants ne touchant rien après lui ;

L'importance colossale des sommes ainsi confiées à l'État et dont on ne sait encore ce qu'il pourra faire pour en tirer les profits nécessaires à la capitalisation ;

Les frais de l'administration énorme que le régime a rendue nécessaire.

En France, une loi de 1910 a adopté un système entré maintenant en vigueur, semblable au système allemand avec quelques différences :

1° Age de la retraite fixé à 65 ans avec possibilité de liquidation antérieure et retraite, de droit, à tout âge au cas d'incapacité absolue de travail ;

2° Assurance facultative pour les fermiers, métayers, petits patrons, salariés ayant entre 3 000 et 5 000 francs de salaire, femmes et veuves des assurés, etc. ;

3° Fixité de la prime pour les assujettis à l'assurance obligatoire : 9 francs par an pour les hommes, 6 francs pour les femmes, 4 fr. 50 pour les jeunes gens au-dessous de 18 ans.

Mécanisme de l'assurance. — L'assuré reçoit, en outre d'une carte d'identité perpétuelle, une carte annuelle que chaque année il doit faire renouveler.

Il a le droit de choisir, parmi les caisses d'assurance qui seront admises par l'État, une caisse qui devra veiller à la capitalisation des versements faits par lui et pour lui et payer sa retraite, et même, s'il le veut, faire ses versements. En ce cas, le patron ne colle les timbres que pour sa subvention propre ; la caisse désignée, qui sera d'ordinaire une société mutuelle, perçoit la prime de l'assuré (en fait, elle la percevra en même temps que sa cotisation de membre) et colle les timbres pour autant ; elle reçoit, pour sa peine, une certaine somme de l'État.

Chaque caisse a son compte à la Caisse des dépôts et consignations ; et cette dernière, avertie par les soins du préfet à chaque remise de carte annuelle, porte au crédit de la caisse d'assurance, pour chaque assuré, la valeur des timbres collés pour lui, par elle et par le patron, sur la carte annuelle ; la Caisse des dépôts et consignations place alors cette somme suivant les ordres de la caisse d'assurance ; de sorte que, quand l'assuré arrive à ses 65 ans, il a droit soit au résultat de la capitalisation faite par les caisses de l'Etat, soit au

résultat de la capitalisation faite par les placements de la
Caisse qu'il a choisie ; et l'État ajoute alors sa subvention
propre.

La loi devient particulièrement complexe lorsqu'il s'agit
de travailleurs aux pièces, ou de salariés qui, comme les
femmes de ménage par exemple, ne font qu'une heure ou
deux chez chacun de leurs employeurs.

Elle ne concerne d'ailleurs pas les agents de l'État soumis
au régime des pensions, le personnel des chemins de fer,
celui des mines, des inscrits maritimes ; tous restent sous
l'empire des anciens règlements et lois.

Une loi de 1905 avait déjà créé le *secours aux vieillards*
permettant à tout individu âgé de 70 ans, sans ressources,
de réclamer de sa commune une pension qui peut varier de 60
à 240 francs (360 à Paris). Mais la charge étant supportée en
partie par l'État et le département, des communes accor-
dent la pension même à des vieillards dans une réelle aisance ;
il est à prévoir que cette loi devra être modifiée.

Tous ces textes ne peuvent être que rapidement men-
tionnés ici. L'étude de chacun d'eux exigerait un volume à
part.

(Fin de la 17ᵉ leçon) [1].

1. **Questions** : Ce que l'on entend par Epargne, Economie, Prévoyance. — Avantages de l'Epargne. — Cas où elle peut devenir mauvaise. — Appréciation de l'épargne faite par les riches. — Des Caisses
d'épargne. — Danger du régime français. — Des sociétés coopératives
de consommation. — Des sociétés mutuelles d'assurance sur la vie. —
de prévoyance en général. — De la Caisse nationale des retraites pour
la vieillesse. Exemples de résultats des placements à cette caisse. —
Retraites ouvrières. — Systèmes belge, anglais, allemand, français. —
Assurés obligatoires. Assurés facultatifs. — Mécanisme de l'assurance.
— Loi de 1905 sur l'Assistance aux vieillards.

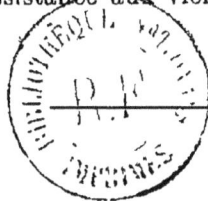

TABLE DES MATIÈRES

DROIT PRIVÉ

TROISIÈME PARTIE. — CONTRATS ET OBLIGATIONS

ÉVREUX, IMPRIMERIE CH. HÉRISSEY, PAUL HÉRISSEY, SUCC.ʳ

OUVRAGES A CONSULTER

ÉCONOMIE POLITIQUE. — SCIENCE FINANCIÈRE

Les applications sociales de la solidarité, par MM. P. Budin, Ch. Gide, H. Monod, Paulet, Robin, Siegfried, Brouardel. Préface de M. Léon Bourgeois, sénateur, 1 vol. in-8, cart. toile. . . . . 6 fr. »

ARNAUNÉ (Aug), conseiller maître à la Cour des Comptes, prof. à l'Ecole des Sciences politiques. — **La monnaie, le crédit, le change.** 1 vol. in-8, 4e édit. revue et augmentée. . . . . 8 fr. »

— **Le Commerce extérieur et les arifs de douane,** 1 vol. in-8. 8 fr. »

AUGIER (Ch.) et MARVAUD (A.). — **La politique douanière de la France** avec préface de M. Klotz, ministre des Finances, ancien vice-président de la Chambre. 1 vol. in-8. . . . . 7 fr. »

BUREAU (P.). — **Le contrat de travail.** *Le rôle des syndicats professionnels.* 1 vol. in-8, cart. toile . . . . 6 fr. »

Le droit de grève, par MM. Gide. H. Berthelémy, P. Bureau. A. Keuffer, C. Perreau, Ch. Piquenard, A. E. Sayons, E. Fagnot, E. Vandervelde, 1 vol. in-8, cart. toile. . . . . 6 fr. »

DURKHEIM, professeur à la Sorbonne. — **De la division du travail social.** 1 vol. in-8, 2e édit. . . . . 7 fr. 50

GUYOT (Yves), ancien ministre. — **Sophismes socialistes et faits économiques.** 1 vol. in-16. . . . . 3 fr. 50

MERLIN (Roger), bibliothecaire archiviste du Musée social. — **Le contrat de travail, les salaires, la participation aux bénéfices.** 1 vol. in-18 . . . . 2 fr. 50

MILHAUD (Mlle Caroline). — **L'ouvrière en France,** sa condition présente, réformes nécessaires. 1 vol. in-18. . . . . 2 fr. 50

MOLINARI (G. de), correspondant de l'Institut. — **Questions économiques à l'ordre du jour.** 1 vol. in-18 . . . . 3 fr. 50

— **Les problèmes du XXe siècle.** 1 vol. in-18 . . . . . . 3 fr. 50

PAUL LOUIS. — **L'ouvrier devant l'Etat.** Etude de la législation ouvrière dans les deux Mondes. 1 vol. in-8. . . . . 7 fr. »

— **Histoire du mouvement syndical en France (1789-1906).** 1 volume in-16 . . . . 3 fr. 50

— **Le syndicalisme contre l'Etat.** 1 vol. in-16. . . . . . . 3 fr. 50

PAWLOWSKI (A.). — **La Confédération générale du travail.** Préface de J. Bourdeau. 1 vol. in-16. . . . . 2 fr. 50

— **Les syndicats jaunes,** 1 vol. in-16. . . . . 2 fr. 50

PINOT et COMOLLET-TIRMAN. — **Traité des retraites ouvrières.** 1 vol. in-8 . . . . 6 fr. »

TURMANN (Max). — **Le développement du catholicisme social,** 1 vol. in-8, cart. toile. . . . . 6 fr. »

Envoi franco du catalogue sur demande

PETITE BIBLIOTHÈQUE ÉCONOMIQUE
française et étrangère

Elégants volumes in-32, cartonnés à l'anglaise, chacun : 2 fr. 50

ADAM SMITH. — **Richesse des nations.** Notice par Courcelle Seneuil. 2e édit. 1 vol. in-32 avec portrait.

BASTIAT (F.). — **Œuvres choisies.** Introduction par A. de Foville, de l'Institut. 2e édit , 1 vol. in-32 avec portrait.

BENTHAM. — **Principes de législation et d'économie politique.** Bibliographie. Introduction, par Mlle S. Raffalovich. 1 vol. in-32, avec portrait.

COBDEN. — **Ligue contre les lois céréales et discours politiques (1836-1864).** Introduction, par Léon Say, de l'Académie française. 1 volume in-32, avec portrait.

FOURIER. — **Œuvres choisies.** Introduction par Ch. Gide, profes. à la Faculté de droit de Paris. 1 vol. in-32, avec portrait.

HUME (David). — **Œuvre économique,** traduction nouvelle par Formentin. Introduction, par Léon Say. 1 vol. in-32 avec portrait.

LAVOISIER. — **Statistique agricole et projets de réforme.** Notice biographique par Ed. Grimaux, de l'Institut. Introduction par G. Schelle. 1 vol. in-32 avec portrait.

LE PLAY (F.). — **Economie sociale.** Introduction, par Fernand Auburtin. 1 vol. in-32 avec portrait.

MARX (Karl). — **Le capital,** extraits et notes par M. Paul Lafargue. Introduction, par Vilfredo Pareto, 3e édit. 1 vol. in-32, avec portrait.

QUESNAY. — **La physiocratie.** Introduction, par Yves Guyot. 1 volume in-32 avec portrait.

RICARDO. — **Rente, salaires et profits.** Traduction revue par M. Formentin. Introduction par P Beauregard, 1 vol. in-32, avec portrait.

SAY (J.-B.). — **Economie politique,** extraits. Introduction par H. Baudrillart, de l'Institut. 1 vol in-32, avec portrait.

SAY (Leon) de l'Académie française. — **Finances publiques, liberté du commerce.** Introduction par J. Chailley-Berr. 1 vol. in-32, avec portrait.

SULLY. — **Economies royales.** Introduction par J. Chailley-Bert. 1 vol. in-32, avec portrait.

STUART MILL (John). — **Principes d'économie politique.** Introduction par Leon Roquet, 2e édit 1 vol. in-32. avec portrait.

TURGOT. — **Administration et œuvres économiques.** Introduction par L. Robineau. 1 vol. in-32. avec portrait.

VAUBAN. — **Dime royale.** Introduction par Georges Michel. 1 volume in-32, avec portrait.